교육을 바꿔야 학교가 산다

교육을 바꿔야 학교가 산다

1판 1쇄 발행 2026년 1월 10일

지 은 이 안민석
펴 낸 이 김재문

총괄책임 진호범
편 집 김동진 정초희
디 자 인 최재원
펴 낸 곳 출판그룹 상상
출판등록 2010년 5월 27일 제2010-000116호
주 소 (06646) 서울시 서초구 반포대로28길 42, 6층
전자우편 story@sangsang21.com
홈페이지 www.sangsang21.com
페이스북 facebook.com/sangsangbookclub
인스타그램 @sangsangbookclub
대표전화 02-588-4589 | 팩스 02-588-3589

ISBN 979-11-91197-60-0 (03370)

교육을 바꿔야 학교가 산다!

안민석 지음

상상

서문

교육이 희망이다

교사, 교수 출신으로 국회의원 20년 동안 대부분 교육상임위에서 활동했으니 교육 현장과 정책을 나만큼 경험한 사람은 거의 없을 것이다. 현장에서 답을 찾기 위해 국내외 학교 현장을 1,000회 이상 방문한 것도 기네스북에 오를 기록이다. 지난가을에도 경기도 전역을 누비며 교육공동체와 소통한 것도 전무후무한 일이다. 현장은 배움터이고, 현장 속에 답이 있다.

대학 입학 때부터 지금까지 내 삶은 교육의 길이었고, 교육은 내 삶을 관통하였다. 국회의원 20년 동안 교육위원회 붙박이를 자처하며 학생과 교사가 행복한 교육생태계를 만들기 위해 노력했다. 경기도 김상곤 교육감님이 주도한 혁신교육과 무상 급식의 전도사로 열정을 불살랐을 때 가장 행복했다. 오산에서 시작한 생존수영이 전국으로 확산된 것도 자랑스러웠고 특히 오산이 전국의 교육청, 학교, 지자체에서 벤치마킹할 정도로 유명한 '교육도시'로 평가를 받아서 보람 있었고 뿌듯했다. 함께 한 오산의 교육공동체분들께 감사드린다.

한편 1등만을 위한 보수 정권의 수월성 교육을 막는 데 항상 맨 앞줄에 있었다. 보수 정권 집권 시기에 야만적 경쟁이 학생들과 교사들을 얼마나 불행하게 만드는지 목격했고, 이명박, 박근혜, 윤석열 세 번의 보수 정권의 수월성 교육을 저지하기 위해 맞섰다. 물론 노무현, 문재인 정부는 교육 정책의 큰 방향은 옳았지만 경쟁 위주의 교육생태계를 바꾸지 못한 아쉬움이 크다. 특히 촛불 혁명으로 집권한 문재인 정부는 중앙 교육 권력과 지방 교육 권력을 장악한 해방 후 최초의 정권이었지만 교육 대전환의 물꼬조차 트지 못한 것은 참으로 애석하다.

빛의 혁명으로 집권한 이재명 정부는 문재인 정부의 과오를 되풀이하지 말아야 한다. 교육 현장은 문재인 정부 때보다 더욱 황폐화되었다. 자녀도 힘들고, 부모도 힘들며, 교사도 힘들다. 교육 때문에 모두 불행하다. 국가 재정이 투입되는데도 모든 교육 주체들은 교육教育을 고육苦育이라고 비명을 지른다. 연간 사교육비 30조에 학생은 몸과 마음이 병들고, 부모의 등골이 휘어 미래의 삶을 보장할 수 없다. 교육생태계는 급속히 변화하는 시대를 살아가는 세대에게 필요한 역량을 함양시켜야 함에도 구시대적이고, 무한 지식 경쟁의 헛바퀴만 돌리고 있다. 특히 윤석열 정부 3년간 교육은 구체적인 목표 제시와 실행이 없어서 교육 현장은 오히려 퇴행했다. 세상은 급속도로 바뀌어 가는데 학교는 암기식, 입시 위주 교육 그대로다.

야만적 경쟁교육의 생태계를 바꾸어야 한다. 2023년 여름, 여의도 아스팔트에서 교사들은 교육의 사망 선고를 내렸다. 학생 행복 지수 세계 꼴찌, 교사 행복 지수 세계 꼴찌, 학생 자살률 세계 1위라는 오명을 안고 있다. 출산율 세계 꼴찌도 교육 문제를 풀지 않으면 답이 없다. 세계에서 가장 우수한 교사를 보유한 나라에서 학생과 교사, 학부모 모두를 불행하게 만든 교육생태계를 이대로 둘 수 없다. 공급자 중심에서 수요자 중심 교육으로 바꿔야 한다.

모든 사람들이 교육을 걱정하지만 누구도 묘책이 없다. 역대 모든 정부가 교육 개혁을 추진했지만, 어느 정권도 성공하지 못했다. 교육의 문제를 분석하고 대안을 제시하는 교육 전문 서적은 차고 넘친다. 그러나 내용이 대동소이하고, 20년 전이나 지금이나 비슷한 주장만 되풀이하고 근본적 변화가 없으니 답답하다. 이제 개혁을 실행해서 바꿔야 한다. 이 책은 국회의원 20년간 대부분을 교육생태계를 바꾸기 위해 실천한 성과를 담았다. 또 경기교육을 바꾸어 대한민국 교육을 바꾸겠다는 포부도 있다.

이 책은 교육생태계 변화를 바라는 교사들, 교수들, 학부모들과 토론하고 실천한 집단지성의 산물이다. 나는 책을 쓰면서 다른 책들과 차별화해야겠다는 원칙을 세웠는데, 교육대전환을 갈망하는 분들이 부담 없이 읽으며 공감하길 바란다. 1부는 경인교대에서 민주시민론을 강의하는 장준호 교수님과 교육의 진보 담론을 설파해 오신 김누리 교수님과의 대담인데 나의 교육철학과 소신이 배어난다. 2부는 내가 오산과 경기도, 그리고 국회에서 함께 추진하고 실천한 교육적 성과를 낸 경험을 소개했다. 경쟁교육의 생태계에서도 뜻과 힘을 모으면 아이들과 교사들이 행복할 수 있다는 희망과 자신감을 얻기 바란다. 또 미래 교육의 비전을 다룬 3부는 100여 명의 교육 전문가들과 함께 교육생태계 변화를 설계한 집단지성의 결과물로서 경기교육대전환의 비전을 설계하는 데 밑거름이 될 것이다. 혁신교육, 무상 급식, 생존수영, 학생 인권 등 경기교육은 대한민국 교육을 선도했다. 경기도가 바뀌면 대한민국이 바뀐다.

여전히 먼 여정이지만 교육생태계를 바꾸기 위해 함께 노력해 온 모든 분들께 감사드린다.

우리는 포기하지 않을 것이다.

교육은 희망이기 때문이다.

교육대전환은 빛의 혁명을 실현하는 시대정신이다.

경기교육대전환, 크게 제대로!

2026. 1.

버클리에서 안민석

추천사

준비된 교육 혁신가, 안민석

김상곤(전 사회부총리 겸 교육부 장관, 전 경기도교육감)

안민석 전 의원만큼 포용력과 추진력을 두루 갖춘 분도 드물 것입니다. 그는 교사와 교수를 거쳐 20년 의정 생활 대부분을 교육상임위에서 활동했습니다. 저는 경기도교육감과 교육부 장관을 지내는 동안 여러 방면으로 그와의 소통으로 큰 힘을 얻은 바 있습니다.

선출직과 임명직은 자력으로 추진할 수 있는 정책에 적지 않은 차이가 있어서 교육부 장관 시절에는 아쉬움도 적지 않았습니다만 교육 혁신에 우리나라의 미래가 걸려 있다는 생각에는 변함이 없습니다. 그래서 이런저런 교육 관련 제안과 저술에 관심을 가질 수밖에 없는데 이번 안민석 전 의원의 저서 『교육을 바꿔야 학교가 산다』를 보고 새로운 희망을 갖게 됩니다.

제가 경기도에서 혁신교육과 무상 급식을 시작하던 시절이 안 전 의원이 열정을 불태우던 가장 행복했던 시절이라고 회고하는 대목에서는 저 역시 새삼 가슴이 뭉클하면서 그 시절의 각오가 되살아나기도 합니다.

안민석 전 의원은 이 책에서 한 교육자 멘토의 말씀을 빌려 "교육은 아이들이 재능, 소질, 관심을 발견할 수 있는 기회를 제공해야 한다."라고 강조합니다. 저 역시 교육감 시절에도 교육부 장관 시절에도 늘 이를 잊지 않았습니다만 현실의 우리 교육은 여전히 학생도 학부모도 교사도 힘들게 하고 있습니다.

연간 사교육비 30조 원 규모의 현실에서 공교육은 제 역할을 충분히 하지 못하고 학원으로 내몰리는 학생과 뒷바라지하는 학부모는 몸도 마음도 지쳐가고 있습니다. 이를 바꾸기 위해서는 단순히 교육 현장뿐 아니라 노동시장, 기업문화, 정치생태계 모두가 같이 바뀌어야 하니 하루아침에 이루어질 쉬운 일은 아니겠습니다만 그럴수록 방향을 잃지 않고 꾸준히 추진해야 하는데, 우리 교육은 종종 방향을 잃고 이리저리 어수선한 행보를 해온 것이 사실입니다.

그래서 무엇보다도 저는 안민석 전 의원이 이 책에서 경쟁 위주의 교육생태계를 바꿔야 한다고 강조하는 것에 크게 공감합니다. 그는 출산율 세계 꼴찌, 학생 행복 지수 세계 꼴찌, 교사 행복 지수 세계 꼴찌, 학생 자살률 세계 1위라는 오명을 지적하면서 이 모든 오명이 교육 문제를 풀지 않으면 답이 없다고 강조합니다. 세계에서 가장 우수한 교사를 보유한 나라에서 학생과 교사, 학부모 모두가 불행한 현재의 교육생태계를 시급히 바꿔나가야 한다고 강조하는 그의 주장에 전적으로 동의합니다.

안민석 전 의원은 책을 마무리하면서 핀란드 방문 중에 받았던 충격과 감동을 토로하고 있습니다. 단 한 명의 낙오자도 만들지 않겠다는 핀란드의 교육목표, 협력을 통해 더불어 사는 공동체 의식을 가르치는 핀란드의 교실, 학교와 교과 운영 자율권을 교사들에게 부여한 핀란드를 부러워하면서 그중에서도 가장 부러운 것이 두 명의 교사가 한 반에서 협력 수업을 하는 것이었다고 말합니다. 여기서 그는 모둠 협력 수업으로 주목받은 바 있는 경기도 시흥의 장곡중학교 사례를 제시하면서 우리의 교육 혁신과 공교육 정상화에 희망이 있다고 강조합니다.

안민석 전 의원은 핀란드의 교육 개혁이 20여 년에 걸친 꾸준한 노력의 소산이었다는 점, 그리고 그 출발점은 사회적 합의였다는 점을 지적합니다. '정권은 유한하고 교육은 영원하다.'라는 공동의 인식하에 정권이 바뀌어도 흐트러지지 않고 교육 혁신의 노력을 지속할 수 있었기에 오늘의 성과에 이를 수 있었다는 것입니다. 교육은 혁명으로 이루어질 수 없고 점진적 개혁으로만 가능하므로 긴 안목을 가지고 추진해야 한다는 것입니다.

대학 졸업자와 고교 졸업자 간 임금 격차가 작고, 의사와 육체노동자 간 삶의 질이 크게 다르지 않으며, 고등교육만큼 전문교육을 존중하는 사회풍토, 우리의 학벌주의 사회와는 너무도 다른 이런 사회를 이루어내려면 교육 현장 안팎의 사회 구성원 모두의 인식 전환과 실천이 필요합니다. 안 전 의원은 평가 제도의 개선과 행정 전담 요원의 배치 등 구체적인 제안으로 이런 미래가 결코 불가능하지 않다고 희망을 제시합니다.

모쪼록 이 책이 우리가 함께 가야 할 교육 혁신의 긴 행로를 모색하는 데에 좋은 길잡이가 되기를 바랍니다.

차례

3부 교육을 바꿔야 학교가 산다

1부

교육 현장과 소통하는 대한민국의 에르키 아호를 꿈꾸며

대담 1

교육에 대한 안민석의 생각

장준호 교수 vs 안민석 교수

안민석의 교육이란?

장준호 교수: 우선 기본적인 질문부터 하겠습니다. 교사, 교수 출신으로, 의원 활동을 주로 교육위에서 하셨기에 교육에 대해 많이 고민하셨으리라 생각합니다. 교육이란 무엇일까요?

안민석 교수: 사람을 사람답게 키우고, 자신의 삶이 소중하다는 사실을 깨닫게 해주는 것이라고 생각합니다. 앨빈 토플러가 "교육의 본질은 자신의 삶이 값지다는 사실을 깨닫게 해주는 것이다."라고 한 것과 비슷한

맥락입니다.

장준호 교수: 기본은 출발 지점이기도 하고, 체험의 끝에 종합적으로 정리되는 것이기도 해서 다소 추상적일 겁니다. 그럼 이렇게 물어볼게요. 아이들이 교육을 통해서 어떤 사람이 되길 바라시나요? 아이들을 사랑한다면 우리의 학교 교육은 어떠해야 할까요?

안민석 교수: 저의 교육 멘토 중 한 분이신 거창고 전성은 선생님께서는 "교육은 아이들이 재능, 소질, 관심을 발견할 수 있는 기회를 제공해야 한다."라고 강조하시죠. 저도 일상생활에서 자녀를 키우며 많은 것을 느꼈습니다. 자녀를 사랑하니까 자연스럽게 좋은 교육을 찾았고 좋은 교육에 대해 고민도 많이 해 봤어요. 저는 중학교 교사도 해 봤고, 미국에서 유학한 후에 대학교수로서 후학을 길러보기도 했어요. 20년간 국회의원도 해 봤죠. 대부분 교육위에서 활동했어요. 이러한 저의 삶을 봤을 때, 아마도 제 인생을 관통하는 단어가 있다면 그것은 '교육'일 겁니다. 제 인생 관심의 시작과 끝이 교육이라 해도 과언이 아니죠. 하지만 그 '교육'과 관련해서, 어떤 직업으

로서의 교육자는 아니었던 것 같아요.

장준호 교수: 그게 무슨 말씀인가요?

안민석 교수: 물론 저는 교육자였던 적이 있었어요. 하지만 교육 그 자체에 대해 고민하며 좋은 교육을 실현하는 방법을 찾았던 시간이 더 많았던 거지요. '어떻게 하면 우리나라의 잘못된 교육을 개선하여 우리 아이들에게 좋은 교육을 시킬 수 있을까?' 이런 고민을 하면서 항상 교육 개혁을 염두에 두고 있었으니까요.

장준호 교수: 의원님에게는 좋은 교육에 대한 철학이 있었으니까 현재의 잘못된 교육을 개선하려는 생각을 하지 않았을까요? 그 철학이 바로 '교육이 무엇인가'에 대한 생각이겠죠. 의원님이 추구한 교육에 대한 개념 같은 게 있었을 것 같아요.

안민석 교수: 그런 맥락이라면, 교육은 크게 두 가지라고 생각합니다. '인성 교육'과 '건강 교육'이 교육의 기본이자 핵심이라고 봅니다. 교육은 인성과 건강을 지향해야 합니다. 우선 아이들은 올바른 사람이 되어야 하

고 건강한 사람이 되어야 합니다. 교육이 아이들을 좋은 인성과 신체적 건강으로 이끌어주지 않으면, 교육은 교육의 가장 기본적인 기능을 하지 않고 있는 것입니다. 교육이 그러한 기본적인 기능을 하게 되면 아이들은 자연스럽게 자존감을 갖게 됩니다. 아이는 그러한 자존감을 토대로 자기가 자발적으로 알아서 공부와 학습을 하게 되고요. 공부라는 것이 자기가 하기 싫은데 부모님이나 선생님이 아무리 하라고 해서 되는 게 아니잖아요. 자기 주도적인 학습의 토대도 결국은 인성과 건강이에요.

장준호 교수: 그렇다면 우리의 학교 교육은 인성 교육과 건강 교육을 하지 않아서 잘못된 방향으로 나아갔다고 보시는 건가요?

안민석 교수: 저는 그렇게 봅니다. 우리나라 공교육은 교육의 기본인 인성 교육과 건강 교육으로부터 너무 멀어져 버렸어요. 아이들이 내면적으로 성숙하고 신체적으로 건강한 인간으로 자라나지 못하고 있죠. 오히려 우리는 아이의 인생을 망치는 '반-인성 교육'을 하고 있어요. 경쟁교육과 그에 따른 줄 세우기 교육

을 통해서 나와 싸우는 것이 아니라, 친구와 비인간적으로 경쟁하도록 만들고 있죠.

장준호 교수: 말씀을 듣고 보니, 인성 교육과 건강 교육을 하지 않아서 우리 교육이 잘못된 방향으로 나아간 것이 아니라, 경쟁교육이라는 잘못된 방향으로 나가면서 교육의 기본인 인성과 건강이 소홀해졌다는 말로 이해될 수도 있겠군요?

안민석 교수: 그렇기도 해요. 무엇이 먼저이냐도 중요합니다. 하지만 우리나라에서는 아이들의 인성을 제대로 키워줄 수 있는 제도적인 뒷받침이 없다는 것이 더 안타까워요. 교육 현장이 반-인성, 경쟁교육으로 물들어 있어서 인성과 건강을 위한 제도를 만들 생각을 하지 않는다는 것이 진정 문제일 것입니다. 어쩌면 교육의 목표가 왜곡돼 있는지도 모르겠어요. 교육은 여전히 이기적인 엘리트를 양산하고 있으니까요. 인성이 되지 않는 아이들이 자기 혼자 열심히 공부해서 좋은 대학교에 진학하고 그런 학생을 우수한 학생이라고 이야기하고 있잖아요. 최근에 우리 사회가 경험했던 파국적 상황에도 이기적인 엘

리트인 판검사들이 있었어요. 그들은 공동체에 기여하고 봉사하는 데에는 관심이 없어요. 개인의 이익과 성공에만 관심이 있거든요. 애석하게도 그것은 우리 교육의 산물입니다. 예컨대, 한때는 학교 성적이 아주 우수한 학생들이 교대에 진학했어요. 저는 그런 현상을 그다지 좋게 보지 않았어요. 공부 잘하는 학생들이 교육에 대한 보람에 가치를 두고 교사가 된 것이 아니라 교사라는 안정적 직업을 찾았다고 보았거든요. 교육이라는 게 사실 머리가 아니라 가슴으로 하는 거잖아요. 의대 쏠림 현상도 마찬가지예요. 공부를 잘하는 학생들이 의대를 가는 이유는 돈을 많이 벌기 때문이에요. 아픈 사람을 치료하는 최고의 명의가 되겠다는 생각을 갖고 의대에 진학하는 학생은 별로 없을 거예요. 이러한 현상이 왜 나타날까요? 학교에서 왜곡된 교육을 하기 때문입니다.

장준호 교수: 교육이 무엇이냐에 대한 의원님의 생각을 정리하자면, 교육의 기본은 인성 교육과 건강 교육이고, 좋은 인성을 기초로 해서 아이들이 건강한 사람이 될 수 있도록 다양한 기회, 대화, 체험 등 성장의 통

로를 만들어 주는 게 교육이라고 말씀하시는 거고……. 하지만 경쟁교육이 극단화되면서 이기적 엘리트를 양산하는 구조로 변해버린 것이 우리 교육의 문제이며, 인성과 건강을 길러주는 교육으로의 회복이 우리 교육의 문제를 치유하는 근본적인 대책이라고 보시는군요?

안민석의 교육철학은?

안민석 교수: 그렇습니다. 저는 경쟁교육을 만든 것도 우리 세대의 '책임'이고, 그러한 경쟁교육을 인성 교육과 건강 교육으로 변환시키는 것도 우리 세대의 '책임'이라고 생각합니다. 저의 마음에는 정치철학자 해나 아렌트Hannah Arendt가 했던 말이 새겨져 있습니다. 그녀는 이렇게 말했어요. "아이라는 존재는 되어가는 과정에 있는 인간"이라고요. 아이는 세계에 새롭게 등장한 존재입니다. 아이의 부모 세대와 공동체는 그 존재가 이 세계에서 잘 살아가도록 교육할 '책임'이 있습니다. 저는 학교 교육이 아이를 세계로 이어주는 다리와 같다고 생각합니다. 저는 그 다리가 경

쟁이 아니라 인성과 건강으로 지어져야 한다고 봅니다. 아이를 세상으로 인도할 좋은 다리를 만드는 게 저의 책임이라고 느끼며 살아왔고요.

장준호 교수: 이제야 제가 듣고 싶었던 것을 말씀해 주시네요. 교육에 대한 의원님의 철학…….

안민석 교수: 저의 교육철학에 가장 큰 영향을 준 철학자는 플라톤Platon입니다. 지금도 가끔 그가 썼던 『국가』라는 책을 읽고 있어요. 저는 플라톤처럼 인간에게는 영혼이 있다고 봐요. 영혼은 정신이나 의식 정도로 이해하면 되고요. 플라톤에 따르면 교육이란 영혼 안에 있는 세 힘(이성, 기개, 욕구)을 조화롭게 만들어 주는 것이고 자기 주도적으로 학습할 수 있는 힘을 길러주는 것이며 세상을 살아가는 자신의 인식과 의식 수준을 높이도록 도와주는 것이에요. 이를 위해 플라톤은 아이들의 심신 활동, 즉 사회성과 자기 몰입을 길러주는 놀이 활동과 체육 활동을 중요하게 여겼어요. 저는 플라톤의 이러한 사유를 인성 교육과 건강 교육이라고 이해해요. 경쟁 속에서 오로지 1등만을 칭찬하며 이기적인 엘리트만을 양산하

는 오늘날의 잘못된 교육과는 차원이 다른 아주 교육다운 교육인 거죠.

장준호 교수: 그렇습니다. 플라톤에게 교육은 우리를 건강하게 만드는 길이었어요.

안민석 교수: 저는 이렇게 봐요. '인성 교육과 건강 교육은 동전의 양면이다.'라고. 신체 활동은 인성 교육과 맞물려 있거든요. 놀이와 운동을 하게 되면, 자연스럽게 친구와 협력하고 양보하며 배려하게 되거든요. 아이들이 공부만 하니까……. 입시 때문이겠죠. 건강, 운동, 인성의 가치가 축소되고 말았어요.

장준호 교수: 다른 나라에 비해 우리나라에서는 그런 축소가 극단적인 것 같아요.

안민석 교수: 입시 교육 탓이죠. 저는 우리나라를 비롯해서 세계 각국의 많은 학교를 가봤어요. 선진국 미국이나 일본, 나아가 유럽의 청소년과 우리나라 청소년 사이에 가장 큰 차이를 한 가지 꼽으라면 '여유'라고 생각해요. 그쪽 아이들은 학교 수업이 끝나면 대부분

학교에 남아서 자기 취미 활동을 해요. 다양한 클럽 활동, 그러니까 동아리에서 하고 싶은 것을 해요. 운동도 하고, 악기도 배우고, 다른 활동을 하죠. 신나는 학교, 즐거운 학교이니 학교를 가고 싶어 하죠. 반면, 우리 아이들은 그렇지 않죠. 학교 마치면 학원으로 가요. 인성 교육과 건강 교육을 할 여유가 없어요. 비극이죠.

장준호 교수: 인성과 운동을 담아내는 교육 시스템에 의해 선진국의 아이들은 자존감이 높고, 그에 따라 대학 진학을 위해 스스로 알아서 공부하지만, 우리 아이들은 학원을 보내는 억압 구조에서 공부하는 기계가 되기 때문에 비극이라는 거지요?

안민석 교수: 우리 아이들은 사실 병들어 있어요. 우리 사회가 그렇게 만들고 있죠. 지금까지의 교육 시스템이 아이들을 그렇게 만들었어요. 그래서 우리나라 청소년은 세계에서 가장 불행합니다. 국내만이 아니라 외국에서도 그렇게 평가하고 있어요.

안민석이 보는 부모란?

장준호 교수: 부모의 의식과 행동에도 문제가 있는 게 아닐까요?

안민석 교수: 저는 자녀에게 공부하라는 이야기는 안 했어요. 공부는 자기가 알아서 하는 거라고 생각했기 때문이었죠. 부모는 환경만 조성해 주면 돼요. 저의 아내와 저는 아이들에게 모범이 되도록 노력했어요. 저희의 집에는 TV가 없어요. 저희가 일부러 보지 않으려고 없애버렸거든요. 그리고 아이들 앞에서는 스마트폰 보지 않고 책 읽는 모습을 보여주려고 노력했어요. 자신들은 독서를 하지도 않고 TV와 스마트폰 보면서 자녀들에게 독서하라고 하는 것은 이율배반이에요. 아이들이 부모 말을 듣겠어요? 절대 안 읽어요. 학교에서 인성 교육이 안 되는 것도 부모의 영향이 크다고 생각합니다. 저는 가정에서의 교육이 매우 중요하다고 봅니다. 아이는 부모의 거울이에요. 아이를 보면 부모를 알 수 있어요. 제 아이들이 뛰어날 만큼 공부를 잘하지는 못했지만 자기들이 알아서 했어요. 제 성에 안 차는 것은 아이들 탓이 아니라 아마도 제 욕심이겠지요. 저는 항상

제 내면에서 생겨나는 탐욕과 욕심을 보려고 하고 그것에 대해 성찰하고 반성하며 삽니다.

장준호 교수: 다른 부모들도 그럴까요?

안민석 교수: 저는 국회의원을 다섯 번 하는 동안 대부분 교육위원회에서 활동했는데 그동안 방문했던 국내외 학교가 천여 군데 정도 됩니다. 숱한 학부모도 만나봤어요. 부산의 영재학교를 방문한 적이 있었어요. 학부모와 간담회를 했죠. 저는 아이들이 참 똑똑하다고 칭찬했어요. 한 엄마가 그러더군요. "저는 애가 뭐 말하기도 전부터 책을 정말 많이 읽어줬어요." 그 얘기를 듣고 다른 엄마들도 다 그랬다고 하더군요. 그분들 말씀처럼, 부모의 노력이 없이는 아이의 학업 성취도는 향상되지 않아요. 아이의 성적은 부모의 성적이에요.

장준호 교수: 말이 그렇게 되는군요. 하하. 부모가 투자한 만큼 교육의 효과가 난다는 말이군요. 사실 그게 과거와 다른 현재의 현실인 것 같기도 하네요.

안민석 교수: 그게 꼭 학원비만의 문제는 아니에요. 문제 있는 아이들에 대해 교사의 이야기를 들어보면, 십중팔구 그 아이 뒤에는 문제 부모가 있어요. 반면, 건전하고 건강한 가정에서는 대부분 아이들이 건강하게 성장해요. 그건 그렇고…… 제가 항상 교육 개혁을 생각했다고 했잖아요. 그런데 교육 개혁이라는 말을 신중하게 사용하게 된 계기가 있어요. 특별한 경험이 있었죠.

안민석이 교육 개혁이라는 말을 함부로 하지 않는 이유는?

장준호 교수: 사실 교육 개혁은 신중하게 해야죠. 인내심이 필요합니다.

안민석 교수: 교육에 대한 이해가 부족하기 때문에, 즉 우리가 교육에 대해 모르기 때문에 교육 개혁이라는 용어를 남용하는 것 같다는 생각이 든 계기가 있었습니다.

장준호 교수: 어떤 계기였나요. 궁금해지네요.

안민석 교수: 저는 젊어서부터 디아스포라에 대한 관심이 많았습니다. 제가 미국 유학을 하던 시절이었어요. 콜로라도에 있는 처갓집에 간 적이 있었어요. 그 동네에 교포 어린아이들이 교회의 주일학교에서 한글을 배우는 그런 모습을 보면서 우리 교포의 한글 교육과 민족 교육에 관심을 두게 되었어요. 그런 것이 정말 필요할 거라고 생각하게 되었고요. 그게 재외 한국학교에 대한 저의 관심으로 이어졌고요. 그리고 역사 문제와 관련해서 중국 동북 3성의 조선족학교에도 관심을 가졌죠.

장준호 교수: 그런 관심이 교육 개혁이라는 말에 두려움을 갖게 된 것과 어떤 관련이 있죠?

안민석 교수: 흑룡강성에 있는 조선족학교를 방문한 적이 있어요. 그 학교를 가려고 기차와 버스를 몇 번을 갈아탔는지 몰라요. 걷기도 많이 걸었죠. 그 조선족학교는 오지에 있었거든요. 제가 백산 안희제 선생님과 관련해서 찾아볼 것이 있어서 정말 가봐야 하는 학교였어요. 거기 조선족은 서울을 한 번도 와보지 못한 사람들이었어요. 그 조선족분들과 대화하면서

저는 정말 벼락 맞듯이 깜짝 놀랐어요. 이렇게 말씀하더군요. "우리 자식들은 솥단지 팔아서라도 학교 보내야 된다." 저의 뇌리에 하나의 생각이 스치고 지나갔어요. '아, 정말, 우리 민족의 피에는 이 교육이라는 DNA가 있는 거구나.' 하는 생각이었어요. 그런 생각 뒤에, '이러한 교육에 대한 열정을 국가가 정책으로 막는다는 게 그게 가능하겠는가.' 하는 깨달음이 뒤따라왔던 거고요. 그 깨달음은 제가 이제껏 교육 개혁을 너무 함부로 얘기했다는 반성으로 이어졌고요.

장준호 교수: 그때 얻었던 깨달음에 대해 조금 더 말씀해 주세요.

안민석 교수: 그러니까 우리가 말하는 교육 개혁이라는 것이 사실은 학력 중심의 경쟁교육을 해소하고 사교육을 감소시키는 게 핵심이잖아요? 바로 그 경쟁교육 유발이 DNA에 새겨진 교육열인데, 그것을 어떻게 국가가 정책으로 누를 수가 있을 것인가 하는 그런 생각이 딱 들었던 거지요. 교육을 바꾼다고 해서 교육열은 절대 사그라지지 않을 거예요. 하지만 교육 개혁은 포기할 수 없었죠. '예측이 가능한 교육 정책'

을 제공하는 것이 교육 DNA를 지닌 우리 국민에게는 가장 현명한 교육 개혁이라는 것을 깨닫게 되었어요. 미리 어떤 방향을 제시해 주고 준비하게끔 하는 거죠. 실질적으로 교육 개혁이라는 거는 바꾼다는 건데…… 바꿔야 하는 건 맞아요. 하지만 갑자기 한두 개의 어떤 충격적인 정책을 한다고 해서 교육은 바뀔 수 있는 게 아니거든요. 그래서 교육 개혁이라는 단어를 함부로 쓰는 거는 참으로 신중해야겠다는 태도를 갖게 된 거죠. 구호에 그치는 교육 개혁이 아니라 학생의 관점에서 수요자 중심 교육, 능력과 지역에 따른 맞춤형 교육, AI 시대에 맞는 교육대전환이 절실합니다.

안민석이 핀란드 교육을 통해 얻은 교훈

장준호 교수: 교육의 개혁은 충분한 공론화를 거쳐 종합적인 계획을 세우고 예측할 수 있게 천천히 하는 게 좋습니다. 그래야 국민도 받아들일 수 있어요.

안민석 교수: 사실 우리는 교육 개혁을 하려고 여러 가지 시도를

했어요. 대표적으로 혁신교육이 있었습니다. 저는 그 혁신교육의 모델이 되는 핀란드를 세 번 가봤습니다. 스터디도 많이 했고요. 핀란드인이 성공시킨 교육 개혁이 부러웠거든요. 저희는 그것을 카피했습니다. 모둠 수업도 했고, 토론식 수업도 했으며, 한 반에 교사 두 명이 들어가는 수업도 했어요. 그런 것을 10년 가까이 했으나 지금은 그 열기가 식어버렸어요. 부모들이 혁신교육을 반대하기까지 했어요. 입시에 도움이 되지 않았기 때문이었어요. 그래서 실패한 정책이 되어버렸어요. 저도 그동안 교육을 바꿔보려고 했지만 한계에 부딪히고 말았어요. 그러한 과정에서 깨달은 것도 있어요. 고등교육이 바뀌지 않고서는 초·중등교육이 바뀔 수가 없다는 것이었어요. 핀란드 카피인 혁신교육을 통해 저는 그것을 명확히 볼 수 있었어요. 아무리 토론 수업을 하고 교실 풍경을 바꾸기 위해 이렇게 저렇게 변화를 시도해 봐야 그런 것이 대학에 가는 것에 아무런 상관이 없었던 거죠. 심하게 얘기해서, 대학은 오히려 오지선다의 찍기로 가니까요. 말하기와 글쓰기 이런 수준 높은 역량에 의해 대학에 가는 게 아니니까요. 학생과 부모에게 그런 거 하는 혁신교육은 시간 낭비로 비친 거죠. 입시가 교육을 역행하게 하는 거죠. 아무튼 입시와 고등교육의 체제가 바뀌지 않고서는 초·중등교육이 바뀔 수 없다는 사실이 핀란드 카피인 혁신교육을 통해서 느낀 뼈아픈 교훈이었다고 봅니다.

안민석이 생각하는 인공지능과 지방자치 시대에 필요한 교육

장준호 교수: 우리나라의 교육 문제에 대한 인식이 강렬하네요. 그 해결 방안에 대해 좀 더 얘기해 보도록 하죠.

안민석 교수: 2023년에 교사들이 길거리에 나와서 우리나라 교육은 죽었다고 이미 선언했어요. 저는 그 평가가 맞다고 봅니다. 우리나라 교육 문제…… 이것을 사람으로 치면, 어떤 아무리 강한 약이나 주사를 처방해도 치유될 수 있는 단계나 성격이 아니고요. 큰 수술이 필요한 중증 환자와 같아요. 지금까지 유지되어 온 교육 시스템은 30년 전의 김영삼 정부가 산업 인재 양성을 목적으로 해서 만든 겁니다. 가꾸지 않고 방

치한 오래된 정원과 같은 시스템입니다. 그때는 AI와 지방자치 시대, 저출산 시대와 같은 변화를 상상하지 못했잖아요. 비유를 들자면, 30년 전 불판을 가지고 지금도 계속 시커멓게 탄 고기를 구워 먹고 있는 셈이죠. 불판을 바꾸어야 합니다.

장준호 교수: 지방자치 시대와 AI와 로봇의 시대에 맞지 않는 과거의 중앙집권적, 관료적 교육 시스템이 여전히 작동하고 있다는 게 문제라고 보시는군요.

안민석 교수: 가장 시급한 것은 AI와 로봇의 시대에 맞도록 교육과정을 개편하는 것입니다. 그런데 기존의 방식으로 교육부가 일률적으로 주도해서 하면 안 돼요. 교육과정은 각 시·도교육청에서 알아서 자치적으로 개정하고 운영할 수 있도록 해야 한다고 봅니다. 교육과정의 다양성이 필요해요. 다양한 교육이 나오려면 교육부가 초·중등 업무와 권한을 시·도교육청으로 완전히 이양해야 한다고 봅니다. 이는 이명박 정부에서부터 하려고 했는데 교육부가 협조하지 않아서 안 되었어요. 저는 빛의 혁명으로 탄생한 이재명 정부가 교육부의 권한을 축소하고 시·도교육청

의 권한을 확대하는 방향으로 가야 한다고 봐요. 교육자치 실현을 위해 공급자 중심에서 수요자 중심으로 변해야 합니다.

장준호 교수: 문재인 정부에서도 하려고 했는데 잘 안되지 않았습니까?

안민석 교수: 의지가 부족했고, 능력이 부족해서 안 된 거죠. 문재인 정부에서처럼 교육 개혁이 실패하지 않으려면, 유·초·중등교육에 대한 교육부의 모든 권한을 시·도 교육청으로 이양하는 것부터 해야 해요. 이어 시·도 교육청은 각 단위 학교의 교육활동을 지원하는 역할만 하고 학교 운영에 대해서는 일선 학교에 전권을 줘야 해요. 그렇게 권한을 분산하고 자율권을 줘야 각 조직이 책임감을 갖고 최대한의 능력을 발휘하게 됩니다. 이렇게 하면 교육의 질과 다양성이 훨씬 높아질 겁니다. AI와 로봇의 시대에 맞는 유연하고 다양한 교육이 초·중·고 학교에서 실현될 수 있을 겁니다.

장준호 교수: AI 시대에 맞는 교육과정은 어때야 한다고 보시는

거죠?

안민석 교수: 우선은 디지털 교육도 좀 더 강화되어야 한다고 봅니다.

장준호 교수: 초·중등교육에서 디지털 교육 강화가 필요한가요? 지금도 충분한 것 같은데요.

안민석 교수: 농업 시대에는 농기구를 사용할 줄 알아야 했고, 산업 시대에는 기계와 컴퓨터를 사용할 줄 알아야 했듯이, AI 시대에는 챗GPT와 같은 생성형 인공지능을 활용할 수 있어야 해요. 그것을 실용적인 차원에서 학교에서 잘 가르쳐주어야 하고요.

장준호 교수: 디지털 활용 능력이 필요하긴 할 겁니다. 우리 시대에 정보를 얻는 핵심적인 도구니까요. 하지만 기초역량을 키워주는 교육과정이 더 필요할 것으로 판단됩니다. 아이들은 고전적인 의미에서 읽고, 쓰고, 말하고, 생각하는 능력뿐 아니라 사회성이나 태도면에서도 부족하거든요. 이런 기초적 역량이 없이 디지털 활용 능력만 키워준다면, 물론 그 활용 능력

도 낮아질 것이고, 인공지능과 로봇의 노예로 살아 갈 수밖에 없을 거예요. 그건 너무나도 명확해요.

안민석 교수: 저도 동의합니다. 아이들이 생각할 수 있는 능력, 비판할 수 있는 능력, 인간끼리 대화하고 소통할 수 있는 역량 등이 더 필요할 것으로 생각합니다. 챗GPT나 제미나이를 사용하게 되면, 누구나 편리함을 느낄 것입니다. 그것에 의존적이게 되고, 인간이 가진 사고 능력을 개발하는 데 있어 게을러지는 거죠. 그렇게 되지 않도록 해야 합니다. AI를 사용하면서 AI와 대등할 수 있는 인간의 고유한 능력을 지속적으로 가질 수 있는 그런 인간으로서, 아이들을 길러야 되지 않을까요? AI에 예속되는 인간을 우리가 길러낼 필요는 없어요.

장준호 교수: 문제는 지금의 교육과정 방향이 AI에 예속되는 방향으로 가고 있다는 점입니다.

안민석 교수: 저도 공감합니다. 그래서 Smartphone-Free School 운동(스프운동)도 열심히 하고 있어요. 저는 스프운동이 디지털로부터 거리를 두면서 인간의 자존

을 회복하는 운동이라고 믿고 있습니다. 아이들에게 스마트폰이 어떤 문제를 초래하는지도 정확히 알려주는 교육이 필요하다고 봐요. 그런 게 AI 시대에 필요한 교육인 거죠. 담배 연기는 눈에 보이니까 그 해를 금방 알 수 있는데, 스마트폰이 주는 해악은 눈에 보이지 않거든요. 망가진 뇌가 눈에 보이지 않으니까요. 제가 말하는 AI 시대에 맞는 교육이란, 과거에 해왔던 고전적 교육을 포기하고 학교에서 AI 시대에 필요한 코딩 기술 그런 걸 해야 한다는 그런 차원은 아니에요. 제가 말하는 교육의 두 축인 인성 교육과 건강 교육으로 전환하면서 AI 시대에 맞는 디지털 활용 지식도 가르쳐야 한다는 의미예요. 디지털 교과서와 같이 필요 없는 것에 재정을 투입하지 않고 오히려 대화로 진행하며 문해력을 신장시키는 수업을 위해 수준 높은 교사를 투입하는 데 재정을 써야 한다고 봐요.

장준호 교수: 그렇게 하지 않기 때문에 아이들의 사회성에도 많은 문제가 생기고 있어요.

안민석 교수: 아이들이 스마트폰에 빠져 있기 때문에 그런 사회

적 태도에 문제가 생기는 겁니다. 제가 스프운동을 하는 이유이기도 합니다. 현실 세계에서 친구와 교제하지 않고, 현실 세계에서 책을 읽고 생각하지 않으며, 대화하며 상대의 생각과 감정을 읽어내는 기회가 없으니 당연히 사회성이 떨어지는 거죠. 그런 의미에서 스프운동은 AI 시대에 저희가 필수적으로 해야 하는 교육문화운동입니다.

장준호 교수: 이렇게 정리해 볼 수 있겠네요. 첫째, 지방자치 시대에 맞게 교육도 자치 분권화되어야 한다. 교육의 자치성에 따른 교육의 다양화는 시대정신이기 때문이다. 그래서 교육부의 권한이 시·도교육청으로 대폭 이양되어야 한다. 둘째, AI 시대에는 학교에서 아이들에게 인성 교육, 건강 교육, 디지털 리터러시가 균형 있게 제공되어야 한다. 특히, 사고력, 사회성, 소통 능력을 길러주어야 한다. 맞죠?

안민석 교수: 그렇습니다.

안민석이 보는 학교 변화의 핵심

장준호 교수: 올해 UC 버클리에서 방문 학자로 계셨는데, 미국 교육이 한국 교육에 주는 시사점이 있을까요?

안민석 교수: 교장과 교사가 우리랑 너무 달라요. 저는 그게 우리나라 학교 변화에 시사하는 중요한 지점이 될 수 있다고 봐요. 제가 버클리에 있으면서 초·중등학교에 방문해서 학교를 살펴봤어요. 아이들의 표정도 밝았는데, 사실 저는 그게 제일 부러웠어요. 근데 그것보다 교사들의 얼굴에도 에너지와 행복감이 넘쳤어요. 교사는 아이들에게 따뜻함을 나눠주고 있었어요. '이건 뭐지?' 싶었죠. 미국 교사의 월급이 그리 많은 게 아니었거든요. 사기가 떨어져 열정을 상실한 우리나라의 교사 현실과는 너무 달랐거든요. 교권이 완전히 무너져 버린 상태에서 교육을 제대로 하기 어렵겠죠.

장준호 교수: 너무 안타깝습니다.

안민석 교수: 또 하나 미국 교육이 우리 교육에 주는 시사점은 교

장의 문제였어요. 미국에서 제가 만난 교장들은 워키토키 무전기를 들고 뛰어다니며 학교 현장의 문제를 해결하고 다녔거든요. 학생과 교사, 직원과의 대화가 일상이었어요. 저는 사실 무전기를 들고 다니는 교장을 봤을 때 충격을 받았어요. 즉각 소통하려고 무전기를 가지고 다닌다는 것이, 저에게는 상상할 수 없었거든요. 그게 우리나라 학교와 가장 큰 차이가 아니었나 하는 게 제 생각입니다. 좋은 사람이 좋은 세상을 만든다는 표현이 있잖아요. 좋은 교장이 좋은 학교를 만들어요. 좋은 교사가 좋은 교실을 만들고요. 진리죠.

장준호 교수: 저도 올해 일본 오사카대학에 방문 교수로 있을 때 초·중·고를 방문했는데 교장의 그런 모습을 볼 수 있었어요. 교장이 학교에서 가장 바쁜 사람이었거든요.

안민석 교수: 저는 생각해 봤어요. '세계에서 가장 우수한 대한민국 교사들이 있는 우리 학교에서는 왜 우리 아이들과 교사들이 불행할까?' 하고요. 여러 가지 이유가 있겠지만, 그 이유 안에 교장도 있었어요. 우리나라

교육 인사 시스템은 교장이 되는 게 목표이고, 정년 몇 년 앞두고 소수가 교장이 되죠. 이분들에게 열정을 기대하기란 쉽지 않겠죠. 창의적인 학교도 기대할 수가 없었고요. 교장이 세계에서 가장 우수한 대한민국 교사들의 에너지와 열정과 능력을 이끄는 역할을 한다면 교육 현장이 회복될 수 있어요. 아직 희망이 있습니다.

안민석이 교육감이 되면 가장 하고 싶은 세 가지 정책

장준호 교수: 학교 현장을 바꿀 아주 중요한 말씀을 해주신 것 같습니다. 만약 내년에 지선에서 경기도교육감에 출마해서 당선되시면, 방금 전의 그러한 인식의 연장선에서, 제일 하고 싶은 정책 세 가지만 말씀해 주세요.

안민석 교수: 경기교육은 길을 잃었습니다. 교육 정책이 교실 안으로 스며들지 않고 교문에서 멈춥니다. 교육청은 광교 청사의 미로처럼 갈 길을 헤매고 있어요. 과거

김상곤 교육감 시절에는 무상 급식, 혁신교육, 학생 인권, 생존수영 등 교육 어젠다를 경기도가 선도하고 타 시·도가 따라 했거든요. 그런데 지금 경기교육은 존재감을 상실했고 대한민국 교육의 선도적 기능도 사라졌습니다. 그래서 다음 세 가지를 통해 경기교육 바로 세우려 합니다. 교권 회복, 인사 혁신, 거버넌스가 키워드인데 경기교육을 바로 세워 대한민국 교육을 선도하려 합니다.

장준호 교수: 차례대로 설명해 주시죠?

첫째, 가르치기만 하세요. 지켜드리겠습니다.

안민석 교수: 먼저 교권 회복이 시급합니다. 교권 없이 교육 없습니다. 교사들에게 든든한 울타리가 되어 교권을 수호하는 교육감이 필요합니다. 교사를 지키는 교육감이 절실합니다. 교권에 저항하는 어떤 행위도 용납하지 않을 것입니다. 교사들은 2023년 교권 회복을 외치며 아스팔트 시위를 했고, 국회가 허겁지겁 법을 만들었지만 달라진 것이 없고 교권은 계속 무

너지고 있어요. 교사들이 의욕을 상실하고 사기가 꺾인 학교에서 어떤 정책도 성공할 수 없고 교장이 아무리 하려고 해도 한계가 있어요. 즉 교권 회복 없는 교육은 외피만 그럴듯한 포템킨 빌리지와 같고, 이것이 경기도 교육 행정의 본질이었어요. 교육을 망치는 트라이앵글인 교권 침해, 학교폭력, 아동학대 피해 신고로부터 교사들을 보호하여 교사들이 교육에만 전념하도록 해야 합니다. 말로만 아닌 교권 회복 119 사이트를 교육감 직할로 운영하여, 필요한 법률 서비스도 변호사들이 무료로 제공하도록 할 것입니다.

교사들은 교육 개혁의 주체이고, 교육감은 교사들의 교육을 돕기 위해 존재합니다. 경기도교육감은 만나기 어렵고 말이 통하지 않는 분이라는 인물평을 받고 있는데, 교사들은 만나기 쉽고 현장의 목소리에 귀 기울이는 교육감을 원하고 있습니다. 힘들고 지친 교사들의 목소리를 경청하고, 언제나 곁에 있는 교사들의 벗이 되는 교육감이 필요하죠. 교육감은 교사들의 손난로여야 해요. 교사가 수업에 집중하도록 서울시나 세종시의 교육청처럼 학교통합지원센터 설립과 행정 전담 교사를 두어야 합니다.

장준호 교수: 교권 회복이 교육을 바로 세우는 우선 과제라는 데 동의합니다. 우수한 교사들의 열정을 살리고 교사들의 자긍심을 높이는 것이 무엇보다 중요한데 경기교육이 앞장서 교권을 회복하여 전국적으로 확산되길 바라겠습니다. 다음으로 인사 혁신 관련해서 말씀해 주시죠?

둘째, 교육감 26명과 공모제 교장으로 학교를 살리겠습니다.

안민석 교수: 교육감 26명 시대를 열고, 교장 임기를 4년으로 규정할 것입니다. 교육감실은 항상 열려 있는 소통의 공간이어야 하고, 교육감은 누구나 쉽게 만날 수 있어야 해요. 우리 교육의 위기는 인사 문제에서 비롯해요. 교육부 장관의 평균 재임 기간이 1년 5개월이니 국가 교육부터 지속성이 결여되었죠. 시·도교육청 교육장의 임기가 2년이고, 4년 임기를 한 학교에서 다 채우는 교장이 절반도 못 되니 교육이 제대로 될 수 없는 인사 시스템입니다. 세상은 변했는데 학교만 변하지 않았습니다.

현행 교육장은 폐지론이 비등할 만큼 역할이 없어

요. 일 잘하는 25개 교육장을 공모형으로 임용하여 그분들에게 교육감의 권한을 최대한 나누어 26명 경기도교육감 시대를 만들겠습니다. 이들에게 인사권을 주어 유능한 교장을 임명합니다. 기존 공모제 교장 제도의 한계를 보완하려면 자치형 교장 공모제로 가야 합니다. 공모제 교장을 50%로 확대하도록 대통령과 교육부 장관을 설득하겠습니다. 교장에게 교육과정 편성권과 교직원 인사권을 주어야 합니다. 교장은 한 학교에서 4년을 채우도록 하고 재신임을 얻을 경우 연임을 허용한다면 유능한 교장들이 학부모와 교사의 신뢰를 얻어 교육 현장을 밭갈이할 것입니다. 40대 교장의 등장도 가능하겠죠. 인사가 만사입니다.

장준호 교수: 인사 시스템에 권한 분배를 결합해서 보충성의 원리를 실현하려고 하시는군요.

안민석 교수: 잘 표현해 주셨어요. 인사 시스템에 '보충성subsidiarity의 원리'를 적용하는 거죠. 보충성의 원리는 권한의 분배 형식인데, 하위 기관에 권한을 최대한 분배하고 하위 기관의 책임하에 해결할 수 있는 것을 해결

하도록 하고, 그 하위 기관이 하지 않는 나머지 부분만 상위 기관이 하는 것을 의미합니다. 이러한 원리를 인사 시스템에 적용하면 이렇습니다. 교육감은 교육장에게 권한을 이양하고, 교육장은 교장에게 권한을 이양한다. 각각 교육장은 자신의 영역에서 책임을 다하고 교장도 자신의 영역에서 책임을 다하도록 합니다. 교육자치 실현은 말로만 되지 않습니다. 기득권을 내려놓는 교육감의 결단이 필요합니다.

장준호 교수: 그러면 경기도교육청은 교수님 말씀대로 교육감이 1명이 아니라 26명의 교육감이 있는 셈이군요. 획기적이고 아주 신선한 구상이지만 교장 승진을 위해 점수를 차곡차곡 쌓고 있는 예비 교장들의 저항이 있지 않을까요?

안민석 교수: 20대 청춘부터 승진 점수를 관리해 온 교사들의 노력을 폄하해서는 안 되지요. 제가 구상하는 인사 혁신이 실현될 경우 기존에 승진을 위해 노력한 분들이 유리한 입장일 것입니다. 단지 학생을 열심히 잘 가르치는 교사가 교감과 교장이 되는 인사 시스템

이 원칙과 상식에 부합하는 것이라는 인식의 공감대가 필요하겠지요. 원칙과 상식이 통하는 인사 시스템이 공정한 인사입니다.

장준호 교수: 누구도 상상하지 못했던 26명의 교육감, 그리고 교장 임기 4년을 경기도에서 성공하여 역시 전국으로 확산되길 바라겠습니다. 다음으로 거버넌스에 대해 말씀해 주시죠.

셋째, 벽깨기로 학교와 지역이 상생 협력하는 교육 르네상스 시대를 꽃피우겠습니다.

안민석 교수: 학교와 지역은 벽을 깨고 협력해야 합니다. 학교와 지역 거버넌스의 르네상스 시대를 꽃피우고 싶습니다. 교육 행정과 지방 행정이 협력하면 과밀 학급 문제, 교육청 분리도 빨리 해결할 수 있어요. 교육 거버넌스는 실용을 강조하는 이재명 정부의 국정 과제에도 포함된 것처럼 학교와 지역의 경계를 허물어 학생과 주민이 상생하는 시대가 되었습니다. 저는 오래전부터 오산시와 교육청의 칸막이를 낮추

고 벽을 허무는 일을 했습니다. 전국 최초로 실시한 생존수영, 통기타 수업, 외국어 교육, 학교체육관 개방 등 학교와 지자체가 협력하여 이룬 성과들이 많습니다. 시흥의 학교 개방 주차장, 파주의 파프리카, 수원의 청개구리 연못도 학교와 지역의 거버넌스 사례이고, 마을교육공동체사업과 전국적으로 추진 중인 학교복합시설도 거버넌스가 잘되면 더욱 활성화되겠죠. 이재명 대통령께서도 성남시장 때 성남형 거버넌스 모델을 실천했습니다. 학교와 지역이 협력하면 아르떼 같은 예술 교육을 확산할 수 있고, 학교마다 오케스트라도 만들 수 있습니다. 학교와 지역 거버넌스 르네상스를 위해 오산과 다른 지자체의 경험과 성과를 바탕으로 모든 경기도 지자체와 교육청이 협력하여 지방 행정과 교육 행정의 상생 협력 시대를 꽃피우겠습니다. 교육 예산을 두 배로 늘리는 신의 한 수입니다.

또 경기도 대학들을 학교에 연결하여 지역 인재를 키우는 일에 대학이 참여하도록 하는 모델을 경기도에서 만들고 싶습니다. 선진국처럼 대학의 인적, 물적 인프라를 학교가 공유하면 상생 효과가 기대되죠. AI 교육, 고교학점제도 대학이 도우면 달라질 것입니다. 대학은 교육의 손난로가 되어 위기의 교육을 함께 살려야 합니다. 지역과 지자체도 대학을 도울 수 있겠지요.

장준호 교수: 이런 일들이 가능할까요?

안민석 교수: 쉽지 않지만 도전하고 돌파해야 합니다. 도지사와 교육감의 협력이 중요하고, 교육감이 경기도 31개 시장·군수 들과 교육 협약을 맺고, 수도권 대학들뿐만 아니라 기업들과 MOU를 맺어 학교와 대학, 기업, 그리고 지자체가 상생 협력하는 교육 거버넌스 르네상스 시대를 꽃피우겠습니다. 교육감의 리더십과 추진력이 필요하지만 교육감의 개인기에 의존하면 성공하기 어렵겠죠. 저는 위의 세 가지 어젠다를 포함하여, 불합리하고 불의한 제도와 관행을 개혁하고, 학생과 교사가 행복한 학교를 만들기 위한 '경기교육위원회'를 만들어 소통과 합의 구조를 만들겠습니다. 교육 개혁을 위한 사회적 합의를 하고 함께 실천하여 성과를 내는 새로운 모델을 만들어 전국적으로 확산한다면 교육생태계가 바뀔 것입니다. 교육감의 권위와 기득권 내려놓기가 전제된다

면 실현 가능한 일입니다.

장준호 교수: 교권 회복을 통한 교육의 본질 회복, 보충성의 원리를 적용한 인사 시스템 혁신, 교육 거버넌스 구축, 세 가지를 경기도교육감이 되시면 꼭 하고 싶어 하시는 정책으로 이해하도록 하겠습니다.

안민석이 말하는 경기도교육감이 될 수 있는 자신의 자질

장준호 교수: 본인은 경기도교육감이 될 능력과 자질이 충분히 되신다고 생각하시나요?

안민석 교수: 쑥스러운 질문이네요. 교육감의 권한은 막강합니다. 교육은 정책과 예산을 통해 실현되므로 교육과 정치를 잘 아는 사람이 적격이죠. 의지와 추진력이 있으면 대입제도 빼고 다 바꿀 수 있습니다. 경기도 교육감은 교육 대통령입니다.

장준호 교수: 어떤 장점이 있다고 생각하십니까?

안민석 교수: 저는 국회의원 20년의 대부분을 교육위원회에서 활동했어요. 교육 정책에 대한 이해가 높죠. 그리고 학교 현장을 저만큼 많이 다녀본 사람은 아마 없을 거예요. 교사와 학부모 들께 '소통의 달인'이라는 칭찬을 많이 들었어요. 학교 현장과 교육 현실에 대한 데이터가 제 머리에 잘 정리되어 있어요.

장준호 교수: 교육 현장과 교육 현실에 대한 이해도가 그 누구보다도 깊다는 말씀이죠?

안민석 교수: 그럼요. 당연하죠. 그거는 뭐 정말 전 세계적으로 통틀어도 저처럼 학교 현장을 많이 다녀본 사람은 없을 거라고 봐요. 그에 따른 학교 현장에 대한 이해도가 높죠.

장준호 교수: 그 점은 선거에서 분명히 좋은 홍보 포인트가 될 것 같아요.

안민석 교수: 두 번째로 저의 장점이 있어요. 저는 교육감의 일을 에듀케이션education과 폴리틱스politics가 합쳐진 에듀-폴리틱스Edu-politics라고 봅니다.

장준호 교수: 정치를 해온 내가 교육 분야에서 잘할 수 있다. 이런 말인가요?

안민석 교수: 예, 저는 국회의원으로서 정치를 20년간 해왔기 때문에 그 누구보다도 교육의 다양한 이해관계를 조율할 수 있는 능력이 있다고 생각합니다. 학교 민원의 처리, 학부모와 학교의 갈등, 유치원과 정부의 갈등 등 정치를 하면서 사람들의 이야기를 들어 주고 이견을 조정하고 중재하는 역할을 숱하게 해왔어요. 교육 분야야말로 저의 장점인 정치의 스킬이 필요한 곳이라고 생각합니다. 저는 이해관계에서 생기는 싸움을 잘 말리는 편이에요. 싸움을 잘 말린다는 것은 정치력과 중재 능력에 대한 훈련이 잘돼 있다는 것이거든요. 에듀-폴리틱스에 대한 경험이 우리나라에서 저처럼 풍부한 사람은 없다고 봐요.

장준호 교수: 에듀-폴리틱스를 잘하는 교육감…… 공감합니다.

안민석 교수: 경기도교육감은 교육대전환을 위해 선두에서 역할을 해야 합니다. 그래서 국회의원들을 만나 법 개정을 설득하고, 교육부 장관, 국가교육위원장과 함께

교육생태계를 바꾸는 에듀-폴리틱스로서 역할이 요구됩니다. 필요하면 대통령도 설득하여 국민 주권 정부의 교육 개혁을 주도해야 합니다.

지난해 대선 때 가만히 보니까 전교조와 교사노조가 서로 거의 경쟁적이고 섞이지를 못하는 것을 보게 되었어요. 제가 전교조 위원장과 교사노조 대표들과 함께 서울시교육감을 방문해서 리박스쿨 문제를 해결하도록 촉구했어요. 두 개의 노조가 힘을 모아 현안 문제를 해결할 수 있도록 자리를 마련한 거죠. 저는 그러한 시도를 잘해요. 에듀-폴리틱스를 잘하려면 소통을 잘해야 한다고 봐요. 그래서 저는 소통하는 교육감이 되려고 해요. 일주일에 하루 정도 날을 정해서 누구든지 저를 만날 수 있도록 할 거예요. 예컨대, 저는 매주 토요일 아침 7시에 오산천에서 슬로 조깅을 하고 있어요. 앞으로 광교호수에서 매주 토요일 아침에 저를 만날 수 있길 바랍니다. '워킹 신문고'를 실현하겠습니다. 소통을 원하는 분들과 누구나 만날 수 있을 거예요.

장준호 교수: 그게 가능할까요?

안민석 교수: 걷고 뛰고 아침 먹으면서 소통할 수 있어요. 오산에서 오랫동안 해온 소통 방식입니다. 서로가 얼마든지 소통할 수 있는 거죠. 학부모, 교사, 학생, 누구든지 환영입니다. 저는 소통하는 교육감이 되어 대한민국의 에르키 아호Erkki Aho가 될 겁니다. 핀란드에서 그가 소통과 사회적 합의를 기초로 교육 개혁을 이루어냈듯이 저도 소통, 공론화, 사회적 합의를 근간으로 해서 우리나라의 교육을 좋은 교육으로 만들고 싶습니다. 현장과의 소통에 답이 있습니다.

안민석이 최근에 가장 집중해서 읽었던 책

장준호 교수: 핀란드의 교육 개혁에 대해 에르키 아호를 떠올리듯이, 대한민국의 교육 개혁에 대해 안민석을 떠올릴 수 있으면 좋겠습니다. 마지막으로 한 가지만 더 질문하겠습니다. 최근에 가장 집중해서 읽은 책은 어떤 책입니까?

안민석 교수: 조너선 하이트Jonathan Haidt가 쓴 『The Anxious Generation』이란 책이에요. UC 버클리에 있을 때 영어

원서를 읽었어요. 제가 무엇에 한번 관심이 생기면 정말 집중하거든요. 그 책은 미국에서 지난해 아마존 베스트셀러 1위를 기록했어요. 밤새워서 열심히 밑줄 치며 다 읽고 나서 보니까, 그 책이 한글로 번역이 되어 있는 거예요. 『불안 세대』라고……. 아이에게 미치는 스마트폰의 해악을 객관적, 실증적으로 잘 분석해 놓은 책이었어요. 뇌과학과 심리학적 측면에서도 다루고 있었고요. 그 책을 읽고 나서 '스마트폰 없는 학교' 운동이라는 '스프운동'을 제안하여 열심히 하게 되었어요. 그 책을 읽고 미국의 학교들을 방문했는데 거의 모든 교장 선생님과 교사들이 그 책을 이미 읽고 '스마트폰 없는 학교'를 실천하고 있다는 점에 감명을 받기도 했습니다.

장준호 교수: 말씀하신 대로 대한민국의 에르키 아호가 되기를 진심으로 기원합니다.

대담 2

김누리 · 안민석의 교육 티키타카

교육 혁명가 김누리 교수 vs 교육 개혁가 안민석 교수

경쟁교육은 야만, 치유 방안

안민석 교수: 김누리 교수님께서 이재명 정부의 1호 교육부 장관이 되기를 바랐던 한 사람으로서 교육부 장관이 되셨다면 무슨 일을 하셨을까요?

김누리 교수: 저는 한국 교육은 개혁이 아니라 혁명을 해야 된다고 생각해요. 이번에도 봤잖아요. 강남 성향 보세요. 대부분 다 한국 교육의 최고 엘리트들이에요. 56%가 김문수를 찍었어요. 56%가 완전 파시스트들이에요. 그게 무슨 교육이냐고요. 파시스트를 기르

는 교육이에요. 이런 교육 언제까지 할 거예요?

안민석 교수: 그럼 문제를 해결하기 위한 근본적인 대책으로 어떤 교육 정책을 실행해야 될 거 아니에요?

김누리 교수: 저는 이제 경쟁교육을 완화하는 방식으로 가야 된다는 그런 것이고요. 그 방식은 이미 시행되고 있는 유럽 모델로 가야 된다고 생각해요.

안민석 교수: 핵심적으로 대학 수능을 없애자?

김누리 교수: 그렇죠. 대학 입학시험을 자격고사 정도로만 보는 거죠. 저랑 똑같은 이야기를 하는 게 마이클 샌델이잖아요. 샌델 책 꼭 읽어보셔야 돼요. 너무 재밌어요. 제 얘기와 똑같아요. 근데 제가 먼저 얘기했잖아요. 이 얘기를 샌델이 저보다 후에 했는데 제가 샌델 생각을 전혀 몰랐거든요. 나중에 샌델이 쓴 거 보니까 똑같아요. 샌델도 고민이 똑같은 거예요.

안민석 교수: 수능 자격고사는 교육 전문가들 일각에서도 그게 좀 공감을 얻어요.

김누리 교수: 예, 그러니까 지금 미국에서도 샌델은 트럼프 때문에 책을 쓴 거잖아요.

안민석 교수: 제가 이번에 UC 버클리하고 캘리포니아 UC 계열 10개 대학 모두 탐방해 보니 여기는 우리나라 수능 격인 SAT를 보지 않아요. 대신 총체적으로 평가하는데 내신 점수와 과외 활동, 봉사, 리더십으로 학생을 선발하고 있어요. 성적이 절대적으로 중요한 우리의 선발 방식과는 다르죠. 만약 총체적 평가가 된다면 초·중등교육도 당연히 바뀌겠죠. 지금의 우리 교육은 입시 교육이죠. 그 속에 학생, 교사, 학부모 모두 불행하고요. 딱 입시 경쟁 구조니까요.

김누리 교수: 제일 중요한 거죠. 지금 특히 중요한 것이 한국의 교육자들이 미국을 하나님처럼 생각하잖아요. 그러니까 미국에서 이런 목소리가 나오고 지금 말씀대로 일부 주에서 변화가 보이잖아요. 지금 몇 가지 변화가 보여요. 그래서 지금 샌델은 트럼프 같은 이런 정치적 야만이 발생할 수 있었던 것은 결국 능력주의 경쟁교육에 문제가 있고, 이 경쟁교육에서 이긴 자들, 아주 오만하기 이를 데 없는 자들을 샌델

은 뭐라고 표현했냐 하면 '정신병적 오만에 빠져 있는 엘리트'라고 정신병적 오만함이라는 표현까지 썼어요. 그런 엘리트들을 바라보면서 대중들이 느끼는 울분과 분노 이것을 정치적 동력으로 활용한 게 트럼프 현상 아니에요? 나는 그렇게 비판해요. 대중들이 가지고 있는 분노들, 그 엘리트들에 대한 그걸 정치적으로 동원한 것, 그것이 트럼프 현상이다. 그러면서 결국은 미국 사회를 이 능력주의 경쟁 교육이 오만한 엘리트들과 그들을 보면서 울분과 분노를 느끼는 대중들로 갈라놨고, 이 대중들의 분노를 정치적으로 활용한 트럼프가 이겼고, 악순환이 되풀이된다는 거예요. 그래서 능력주의 경쟁을 없애야 해요. 대학 입학시험 없애고 자격시험만 보고 거기 붙은 애들 큰 차이 없어요. 능력주의라는 거 이거 완전 신화야. 인간은 큰 차이 없어, 다 비슷비슷해. 사실은 맞는 말이죠. 인간이 무슨 큰 차이가 있겠습니까? 전부 신화지. 그래서 거기 붙은 아이들은 차이 없으니까 추첨해서 배정해 주자. 샌델은 저보다 더 세요. 추첨해서 배정하자.

안민석 교수: 입시 제도만 바뀌면 교육 개혁의 절반은 그냥 다 된

거죠. 현행의 대입 제도하에서는 성적순으로 학생들을 줄 세우죠. 서울대의 경우 0.5% 상위권 학생들을 진공청소기처럼 빨아들이죠. 최근엔 의대가 그렇고요. 경쟁적 입시 제도에서 우수한 엘리트들은 공동체에 대한 관심은 없고 오로지 자신의 성공과 경제적 안정을 위해 대학을 가는 현실이죠. 지금도 서울대는 제2의 윤석열을 키우고 있어요.

김누리 교수: 맞아요. 입시 제도가 바뀌면 학교에서부터 경쟁교육 시킬 필요가 없죠. 교사들이 정말 아이들 하나하나의 개성들을 살려주는 그런 교육을 시작할 수 있죠.

안민석 교수: 외국 다녀보면 정말 우리 아이들이 너무나 불쌍하고요. 학교 가면 아이들 표정이 너무 불쌍하죠. 외국에서는 애들이 그냥 즐겁잖아요. 너무 행복해요. 근데 우리 아이들은 그냥 다 기가 죽고 풀이 죽어 있어요.

김누리 교수: 어린애들이 찌들어 있잖아요. 어린애들이 노인의 표정 하고 있어. 인생 다 산 표정이잖아요. 세상에 이런 나라가 어디 있어요? 정말 우리 아이들한테 너

무 미안하죠.

안민석 교수: 교수님이 만약에 장관이 되셨다면 어떤 교육 개혁을 추진하셨을까요? 서울대 교육 기득권 카르텔과 사교육의 저항이 엄청나서 누구도 엄두 내지 못했어요. 심지어 전두환 독재 정권이 총칼로 과외를 금지했지만, 몰래바이트도 있었죠. 보수 진보 정권 모두 교육 개혁 구호를 외쳤지만 어느 정권도 성과를 내지 못했죠.

김누리 교수: 제가 됐다면 그런 전쟁을 할 의사가 있었고 그건 전쟁이죠. 그건 기득권들이 도저히 참을 수 없는 엄청난 전쟁이죠. 저는 전쟁을 하겠다는 거죠. 중간에 장렬하게 전사할 가능성이 더 많지요. 엄청난 전쟁이니까. 난 그거 감수하겠다는 거지요.

안민석 교수: 교육계나 국민, 학부모 들이나 현장에 준비도 시키고 어떤 전략적인 것과 기간도 좀 필요한 것 아닙니까? 혁명이라고 해서 하루아침에 되는 일도 아니니까 혁명적인 발상으로 이런 것들을 추진해야 되는 거죠. 그런데 빛의 혁명으로 이루어진 이재명 정

부이기 때문에 제가 걱정이 돼요. 문재인 정부 때도 결국에는 사회 기득권들의 기존 질서나 기득권들의 눈치를 보다가 개혁을 못 했거든요. 그때도 국민들의 요구는 혁명 정부니까는 다 뜯어고치라는 것이었어요. 그걸 못 해서 결국에는 윤석열 정권에 권력을 빼앗긴 거 아니에요? 문재인 정부를 반면교사로 삼아 이번 정부에서는 달라야 되는 거죠. 사회대개혁을 해야죠.

김누리 교수: 제가 똑같은 얘기를 썼어요. 내가 이거 문재인 대통령 때 쓴 것인데 문재인 정부는 개혁 정부가 아니다. 이거는 3기 민주 정부도 아니고 2기 노무현 정부도 아니다. 이것은 제1기 혁명 정부다. 촛불 혁명이 만들어 준 거 아니냐. 그런데 결국 실패했죠. 문재인 정부 꼴 나지 않으려면 이재명 정부는 혁명 정부로서 역사적 소임을 배반하면 안 돼요.

안민석 교수: 경쟁교육은 야만이다. 이 카피는 언제부터 쓰신 거예요?

김누리 교수: 제가 문학 선생인데 물론 문학도 가르치지만 또 하

나 가르치는 게 프랑크푸르트학파예요. 프랑크푸르트학파라는 독일의 중요한 학파가 있잖아요. 아도르노, 에리히 프롬, 마르쿠제 또 하버마스 이런 현대 독일의 중요한 사상가들이 속해 있어요. 제가 대학원에서 프랑크푸르트학파를 가르치는데 거기서 권위주의 성격 이론, 파시즘 이론 같은 것들이 나와요. 거기서 나온 생각이 독일 교육 개혁의 핵이었어요. 그중에 핵이 '경쟁교육은 야만이다.'라는 아도르노 말이에요. 아도르노 말을 제가 그대로 인용을 한 거예요. 아도르노가 야만이라고 말한 경쟁교육이 결국 히틀러를 만듭니다. 히틀러 같은 빌런이 나온 건 바로 경쟁교육 때문이에요. 히틀러는 이 세계를 끝없는 경쟁의 정글로 보잖아요. 그리고 그 세계에는 다윈의 법칙이 적용된다. 적자생존, 약육강식, 자연 도태 이게 그런 거죠. 그러니까 이 '경쟁교육을 받으면 파시스트가 될 수밖에 없다.'라는 게 아도르노의 주장이에요. 거기에 제가 콱 꽂힌 거죠. 그래서 그 얘기를 한 거예요. 주로 제 이론적 바탕은 전부 프랑크푸르트학파의 이야기예요.

안민석 교수: 제 박사 논문 이론적 배경이 문화 이론이에요. 그람

시 헤게모니 이론을 가지고 썼어요. 그래서 지배 이데올로기를 분석해 왔고, 교육의 경쟁 이데올로기를 우려하고 있지요. 제가 국회에서도 계속 문화와 교육을 바꾸면 세상이 달라질 것이라는 소신으로 한눈팔지 않고 교육 붙박이를 고수한 이유이기도 합니다.

김누리 교수: 그러시겠네요. 그람시 다루면 교육과 문화가 나오죠.

안민석 교수: 제가 교육청에서 만든 경기도 공공 대안학교 '신나는학교'라는 데를 가봤는데요. 안성에 있는데 거기가 우리가 생각하는 이상적인 그런 교육을 하더라고요. 입시 위주 교육이 아닌 새로운 교육 방식에서 아이들이 행복하게 지내고 있어요. 학부모들도 굉장히 만족하고 그래서 이제 그런 공립 대안학교를 좀 더 확대해 나가는 것도 필요하겠다는 생각이 들었어요.

교사 정치권

안민석 교수: 야만적 경쟁교육처럼 야만적 현실이 또 있어요. 어느 교사가 좋아하는 정치인에게 후원금 보내는 것이 소원이라고 했는데, 교사의 정치권 박탈 때문에 할 수 없는 현실이 얼마나 야만적입니까?

김누리 교수: 교사의 정치권을 박탈하는 것은 민주사회에서 있을 수 없는 일이지요.

안민석 교수: 10여 년 전부터 교육계에서 주장하고 있는 교사의 정치권 이슈가 대선에서 이재명 후보의 학교 밖 교사 정치권 보장 공약으로 새 정부의 국정 과제로 채택되었습니다. 그러나 시기와 내용에 대해 이견이 분분합니다. 일단 교사들 중심의 추진체로서는 힘에 부칠 듯하고요. 김누리 교수님하고 저도 용기를 내서 사고를 한번 쳐볼까 하는데요. 그러니까 제가 볼 때는 지금 교사 정치권 문제를 교사 단체들만 나서 가지고는 힘들거든요. 그래서 이거를 교수님이나 곽노현 전 교육감이 교육계에서는 가장 오랫동안 제기를 하셨으니까 영향력 있는 분들이 교사 정

치권 회복을 위한 원탁회의를 통해 함께해 주시면 어떨까 싶어요. 교사들끼리만 해서는 한계가 있어요. 그래서 좀 뜻 맞는 사회적 명망이 있는 분들이 목소리를 모아서 흐름을 만들어야 국민적인 어떤 지지를 받을 수 있는 거잖아요. 이거는 상당히 설계도 잘해야 되고 또 정치력도 있어야 국민 여론의 지지를 얻을 수 있기 때문에 교사 정치권을 위한 시민사회 원탁회의에 동의하시면 제가 다니면서 한번 모아보죠.

김누리 교수: 너무 좋은 생각이네요. 전적으로 동의합니다. 그리고 또 그런 역할을 지금 하실 제일 적임자죠. 그걸 누가 하겠어요? 안 의원님이 그렇게 하시면 제일 좋지요. 왜냐하면 국회랑도 통하고 용산이랑도 통하니. 나는 이 문제가 뜨거운 감자가 돼서 공론장에서 논쟁이 벌어졌으면 좋겠어요.

안민석 교수: 그래서 그런 원탁회의를 우리가 만들어 보자는 거죠. 그게 우리 이번 정부에서 교수님이나 저희 같은 사람들이 다른 것보다도 집중해서 해야 할 일이 아닌가요? 이건 다들 이론의 여지가 없는 거 아니에

요? 교수님이 지적하신 것처럼 교육 개혁과 직결되는 것이고, 교사들의 사기를 올려주는 것이고, 교사들의 자존을, 민주시민의 권리를 찾아주는 거잖아요. 그러면서 교사들에게는 이런 권리를 국민들이 줬으니까 이제 앞장서서 교육 개혁의 주체가 되어 달라고 국민적인 요구도 할 수 있지 않겠어요?

김누리 교수: 내일 당장 민주당 의원들이 모여서 법을 통과시키면 돼요. 너무 간단한 거예요. 이건 완전히 민주당의 직무유기예요. 이건 있을 수 없는 얘기예요. 민주당은 자기 이름에 민주라는 걸 달고 있잖아요. 자기 정체성이 민주주의예요. 민주주의는 당의 정체성 아닙니까? 그런데 민주주의가 어디서 결판나요? 투표소에서 결판나는 거 아니에요. 교실에서 결판나지. 교실에서 12년 동안 성숙한 민주주의자를 길러내면 민주당은 오랫동안 지지를 받아요. 사실은 그렇지 않나요? 그런데 지금 한국 교실 여기서 민주주의자가 자라나요? 파시스트가 자라나요. 민주당이 정말 교육 문제가 자기들에게서 제일 중요하다는 걸 알아야 돼요. 제가 계속 그 얘기를 하는 거예요. 민주당 의원들한테 당신들 정말 어리석다. 지금

180석 가지고 있으면서 뭘 하고 있냐, 제일 중요한 걸 방기하고 있다. 이게 직무유기죠. 그래서 저는 너무 쉽다고 하는 거예요.

안민석 교수: 저도 오랫동안 국회의원 해 봤지만 세상을 바꾸는 일에 대한 초점보다도 선거의 유불리를 따져서 그런 용기와 결단을 못 내린 것 같아요.

김누리 교수: 정치인들이 지금 대중들이 가지고 있는 민주주의와 민주주의 교육에 대해서 제대로 된 인식을 못 가지고 있잖아요. 그러니까 그 대중의 무지에 편승하고 있어요. 말도 안 되는 거지. 이런 부분을 치고 나가서 그다음에 대중들이 반발하면 설득해야죠. 이렇게 되는 거다. 그럴 때 우리 같은 사람이 나가서 하는 거지. 그거 잘못 알고 있습니다. 정치인들이 안 해도 돼요.

안민석 교수: 그런데 지금은 이제 빛의 혁명으로 탄생한 혁명 정부다운 그러한 역할을 국민들이 기대하는 거 아니에요? 그래서 하여튼 그 역할이 기대에 못 미치면 만에 하나 또다시 실망해서 보수에게 권력이 넘어

가서 그렇게 또 제2의 보수에게 권력을 주게 되면 진짜 보수가 영구 집권할 수 있게 되는 거죠.

김누리 교수: 그렇죠. 그러니까 근본적으로 생각을 해야 되는 거고요. 지금 국민의힘이 저렇게 후진 정당이 되고 도저히 상상할 수 없는 그런 정당이 지금 돼가잖아요. 완전 파시스트 정당이에요. 이전까지는 저는 수구 보수 정당이라 불렀는데 지금 제가 잘못 봤어요. 저건 보니까 수구 파시스트 정당이에요. 완전히 저런 정당이 된 데에는 저들의 책임도 있지만 민주당의 책임이 저는 더 크다고 봐요. 민주당이 김문수 후보를 지지하는 국민이 41%가 되게 한 책임이 있어요. 민주주의자를 학교에서 못 길러내게 하니까 저런 정당이 살아남는 거예요. 학교에서 성숙한 민주주의자를 길렀다면 저런 파시스트 정당이 살아남을 수 없어요. 여기에는 민주당의 직무유기 그게 분명히 한 책임의 축으로 작용하고 있습니다. 이걸 민주당이 알아야 돼요. 이제 더 이상 직무유기하면 안 되죠.

이제는 정말로 우리 학교가 민주주의의 원리에 의해서 아이들을 교육하고, 그다음에 우리가 아이들을 미래의 한국 사회를 끌고 갈 민주시민으로 대우해야 해요. 그래서 16세에 정당 가입은 어마어마한 법률이고 정말 훌륭한 법률이에요. 근데 그거 있으면 뭐 해요? 학교에서 민주주의를 가르치지 않는데……. 그리고 교사들이 지금 정치적 천민이잖아요. 그러니까 파시스트의 원리 즉 경쟁 원리에 의해서 대학이, 학교가 유지되고 학교가 이루어지고 그다음에 학생들은 정치적 미숙아 취급하고 교사들은 정치적 천민이에요. 거기서 어떻게 민주주의자가 나와요? 이건 나올 수가 없는 거예요. 계속 파시스트들이 나와요. 그러니까 저런 파시스트 정당이 여전히 저렇게 뻔뻔하게 얼굴을 내밀고 있는 거죠. 이건 한국의 과거 청산이 완전히 실패했다는 걸 보여주는 거고요. 그 실패의 가장 근원적인 원인은 바로 교실에 있어요. 이런 환경이면 교실에서 파시스트가 자랄 가능성이 높은 거예요. 여기에 대한 인식이 필요해요. 지금 이재명 대통령도 이거 인식해야 되고요.

청년 극우화와 시민 교육

김누리 교수: 또 하나 지금 중요한 게 요즘에 아시겠지만 10대 학교 다니는 아이들부터 20대, 30대 애들이 너무 빨리 극우화된다는 거예요. 지금 사실 한국 사회의 민주주의가 근원적으로 위기 상태에 들어가 있는 거죠. 옛날에는 젊은 청년들일수록 진보적이었잖아요. 이게 지금 완전히 거꾸로 돼가고 있다는 게 굉장히 불길한 징조죠.

안민석 교수: 전적으로 동의합니다. 저희들이 20대 시절은 민주화운동 시기였고, 부모님들과 밥상머리 언쟁도 하며 투표 때면 부모님들 설득하는 게 예사였어요. 과거엔 청년들이 진보고 어른들이 보수였는데 요즘은 청년들이 보수화되었어요. 저는 교육의 문제로 보는데 이 상태를 방치하면 청년 보수화가 더욱 악화될 것 같아 걱정입니다.

김누리 교수: 그래서 지금 정부 내에서 그런 이야기들이 오간다고 제가 들었어요. 사실 어느 분이 전화를 하셨다고 해요. 지금 이 청년 극우화가 굉장히 심각한 상황이

라는 데 정부가 생각을 같이하고 있다. 그런데 거기에 맞서는, 말하자면 민주주의 교육, 정치 교육 이게 너무나 취약하다. 그 원인 중에 하나는 담당 기관이 너무 분산돼 있다는 이야기가 지금 많이 있다는 거예요. 다시 말하면 교육부에서는 민주시민교육과라는 게 따로 있잖아요. 그다음에 통일부에서는 통일교육원이라는 게 따로 있고요. 이런 식으로 이게 분리돼 있어 가지고 이걸 통합해서 말하자면 일종의 국립 민주교육원을 만들어야 해요. 독일은 이게 연방정치교육원이에요. 너무너무 훌륭해요. 그냥 독일의 연방정치교육원만 어지간히 벤치마킹해도 어마어마한 나라가 될 수 있는 거예요. 지금 독일이 전 세계에서 가장 존경받는 나라가 됐잖아요. 그건 과거 청산 잘했다는 얘기인데 거기 그친 게 아니에요. 가장 성숙한 민주주의가 지금 독일 민주주의예요. 제가 유럽을 어딜 가봐도 저렇게 성숙한 민주주의가 없어요. 그 근원에는 연방 정치 교육이 그래요. 그게 있어요. 이게 엄청 조직적으로 잘돼 있어요.

안민석 교수: 그런데 독일 청년들의 또 파시즘 극우 현상 그거는

어떻게 보세요?

김누리 교수: 그것도 당연히 있죠. 서독은 극우주의라는 게 사실 거의 없었고 동독 지역에 통일 직후 스킨헤드라고 들어봤죠. 사실은 통일되기 전까지 서독이라는 나라는 단 한 번도 극우 정치인이 의회에 단 한 명도 진출한 적이 없었어요. 완전한 클린 존이었어요. 완전한 과거 청산 성공한 거지. 스킨헤드 같은 극우 현상은 통일 이후에 나타난 거예요.

안민석 교수: 교육의 틀 자체를 이제 바꿔야 돼요. 이 틀은 30년 전에 김영삼 정부 시절에 만든 교육의 틀인데 그때는 지금 이 변화된 시대를 상상조차 못 했던 거죠. 특히 AI 시대는요. 지방화 시대는 어렴풋이 그림이 좀 있었다 치더라도 교육 자치 이런 부분에 대해 고민이 거의 없었을 때예요. 특히 저출산 이건 뭐 꿈에도 생각하지 못했죠. 청년 극우화도 그렇고요. 그래서 이 판 자체를 지금 바꿔야 되는 거예요. 이걸 이재명 정부가 해야 돼요. 그래서 새로운 판 위에서 이런 교육대전환을 해야 된다는 거죠.

김누리 교수: 저는 지금 두 가지를 이 정부가 만들어야 된다고 보는데, 제일 중요한 건 민주주의예요. 지금 다시 또 민주주의 문제예요. 지금 극우들이 하는 거 보세요. 이번 기회에 민주주의가 흔들리지 않는 아주 단단한 제도를 만들어야 해요.

안민석 교수: 바로 교육이죠.

김누리 교수: 그렇죠. 결국은 장기적으로 보면 교육이에요. 그러니까 지금 이렇게 분산된 걸로 안 된다. 이제는 독일의 연방정치교육원 거기에 준하는 기구를 만들어야 해요. 연방정치교육원은 굉장히 큰 조직이고 전국에 다 있어요. 이거는 아이들 교육만이 아니라 평생교육을 중시해요. 학교 안에서 민주주의 교육도 대부분 담당하고 평생교육까지 다 관장을 해요. 어마어마한 조직이에요. 저는 이게 독일을 세계 최고의 민주주의 국가로 만들었다는 데 전혀 의심이 없어요. 정말 제가 이걸 보면 너무 감탄해요.
그래서 제가 두 가지를 계속 주장해 왔어요. 하나는 연방정치교육원이 결국은 우리 식으로 옮기자면 국립 민주교육원이에요. 이걸 전국적인 단위의 큰 조

직으로 만들어서 학교에서의 민주주의 교육을 해야 한다. 그다음에 평화 통일 교육, 그다음에 평생교육 과정도 하는 거예요.

안민석 교수: 우리 식의 평생교육을 말하는 거예요?

김누리 교수: 평생교육으로 나이 드신 분들도 알아야죠. 단순히 아는 게 아니라 지금 국제 정세같이 중요한 걸 알려주는 거예요. 독일 연방정치교육원도 그런 걸 하는데 너무 훌륭해요. 그래서 거기 자료를 저도 많이 다운로드받아 가지고 논문 쓸 때도 많이 봤고…….
사실은 조금만 생각을 깊이 하면 장기적으로 이게 제일 중요해요. 민주당 입장에서도 장기적으로 보면 교육이라는 게 제일 중요하구나. 결국은 이거구나. 이렇게 보는 좀 긴 안목이 필요한데 독일에서는 그걸 68세대가 가졌던 거예요. 68세대 아이들이 우리가 질적으로 독일 사회를 바꿔보자 했죠. 그러면서 유명한 말을 하잖아요. 학교에서 진정한 민주주의를 체험하고 변화를 체험하고, 그다음에 나온 말이 유명한 말이죠. 마치 스루 인스티튜션스, '제도들을 통과하는 행진'. 제도로 들어가서 우리가 바꾸

자. 그래서 68 이후에 이 세대들이 제일 많이 간 게 학교예요. 두 번째로 많이 간 게 언론인데, 학교가 가장 중요한 조직인 것이죠.

안민석 교수: 그러니까 문화적 이데올로기를 장악하는…….

김누리 교수: 맞습니다. 그거죠. 결국은 그러니까 언론은 지금 살고 있는 사람들의 인식을 바꾸는 데 가장 중요하고 교육은 미래의 아이들, 미래 우리 사회를 끌고 갈 아이들의 인식을 바꾸는 것이다. 그래서 68세대가 언론과 교육계를 완전히 장악해 오늘날을 만든 거예요. 독일인들은 좀 장기적으로 본 거죠.

서울대 10개 만들기

안민석 교수: 서울대 10개 만들기가 대통령 공약이 된 후 논란이 한창입니다. 이번 서울대 10개 만들기의 모델이 UC 시스템으로 알려져 있어서, 제가 버클리에 있는 동안 UC 10개 캠퍼스를 모두 방문하여 조사했어요. 제가 이 10개를 다 다녀보니, 이거는 모델이 될 수

가 없어 보였어요. 모델은 그걸 가지고 벤치마킹하는 건데 워낙 역사가 다르니까요. 그리고 제가 거기서 가장 놀랐던 게, 10개 대학을 컨트롤하는 컨트롤타워가 있어요. UCOP라고. 그 UCOP 밑에 10개 대학 UCLA나 UC 버클리나 다 있는 거예요. 그러면 한국에서 서울대 10개 만들기 한다고 해서, 서울대를 포함한 국립대 10개의 컨트롤타워를 만드는 것에 서울대가 동의하겠느냐? 이 10개 만들기의 전제가 서울대 기득권 카르텔을 깨는 거다. 못 깨면 이거 안 된다. 그다음에 서울대를 대학원 중심으로 하고…….

김누리 교수: 『서울대 10개 만들기』 저자 김종영 교수랑 그 얘기는 오래전부터 많이 했는데 지금 말씀대로 오해가 많이 있고, 서울대 10개라고 하는 그 구호 자체가 주목도 끌었지만…….

안민석 교수: 양날의 칼이 돼버린 거죠. 맞습니다.

김누리 교수: 그렇지만 오해를 너무 많이 만든 거예요. 오히려 엘리트 대학을 많이 만들자는 게 아니거든요. 서울대

없애자는 얘기인데 오히려 이게 오해로 '더 많이 만들자.' 이런 게 된 거죠. 안 의원님도 아실 거예요. 벌써 2000년대 초부터 정진상 교수 아시잖아요. 그때부터 이게 이야기가 되었어요.

안민석 교수: 저도 노무현 정부 시절 국립대 통합 네트워크를 적극 지지했는데 국립대 살리기에 동의합니다.

김누리 교수: 국립대 살리고 그다음에 사립대는 공용화해서 전반적으로 대학을 평준화시켜야 한다고 봐요. 그러니까 첫 단계로 일단은 하여간 거점 대학부터 한번 묶어보고, 두 번째로 전체 국립대학을 다 묶고 그다음에 사립대학을 공용화하는 방식으로 전반적으로 모든 대학의 서열을 없애는 일로 가자 그 얘기거든요. 근데 이게 오히려 무슨 특권 대학을 더 늘리는 방식으로 이야기가 되는데 이건 왜곡된 겁니다.

안민석 교수: 자칫하면 서울대 10개 만들기가 돈 잔치만 되게 생겼어요. 제가 서울대 10개 만들기에 기대하는 것은 교육생태계 변화의 촉매제 역할이거든요. 가령 UC 대학들처럼 총체적 평가를 통해 서울대와 부산대,

경북대 등 거점 국립대들이 신입생을 선발하는 것을 상상해 보지요. 분명 경쟁교육의 생태계가 달라질 것입니다.

김누리 교수: 대학에 그냥 돈 주고 끝나는 게 되어버릴 수 있죠. 그래서 그걸 잘해야 될 것 같아요.

안민석 교수: 서울대 10개 만들기가 성공하려면 법과 예산도 필요하지만, 교육부와 서울대 개혁과 해당 국립대의 혁신 의지도 필요하다고 봐요. 대학이 교육의 손난로가 돼야 하는데 서울대가 스스로 기득권을 내려놓고 고등교육 발전과 교육생태계 변화에 선도적인 역할을 할지 의문이에요.

저는 서울대가 변하면 대학이 변하고, 대학이 변해야 교육이 변한다고 믿어요. 서울대가 변하면 교육이 변하죠. 서울대부터 입시 기준을 바꾸어야 해요. 서울대 10개 만들기를 통해 서울대를 개혁하여 교육을 개혁하는 전략이 필요해요. 서울대의 저항과 반대가 예상되지만 더 이상 경쟁교육을 부추기는 서울대의 독주 독식을 용납해서는 안 될 겁니다.

인사 혁신

안민석 교수: 저는 해방 이후에 교육위에서 가장 오래 활동했어요. 그러니까 노무현부터 이명박 박근혜 문재인 그 다음 윤석열 정부의 교육을 다 봤죠. 다 봤으니까 그 흐름을 저만큼 쭉 본 사람은 없죠. 특히 정치인 중에서는. 그래서 제가 볼 때 교육이 문제가 되는 핵심은 인사라고 봅니다. 해방 이후 교육부 장관의 평균 재임 기간이 한 1.5년이거든요. 거의 약 50명이 바뀌었어요. 교육부를 감시해야 될 국회도 4년 동안 교육위원회 활동하는 의원들이 거의 없어서 국회의 전문성이 떨어져요. 그러니까 국회도 역할을 제대로 못하죠.

김누리 교수: 그렇네요.

안민석 교수: 또 현장에서 4년 임기를 채우는 교장들이 절반이 안 돼요. 제가 이걸 계속 조사를 했거든요. 한 2년 있다가 자기 집 근처나 좋은 학군으로 가요. 교장이 쉽게 학교를 옮기는 것이 제도적으로 허용되어 있어요. 선진국에서는 상상하기 어렵죠. 이러니 우리

교육이 정상적으로 되는 게 이상한 거예요.

김누리 교수: 그러네요.

안민석 교수: 중앙에서부터 현장까지, 교육부부터 학교까지 지속성과 안정성이 부족하고 취약하죠. 그래서 저는 진보 교육감들한테 다른 거 하지 마시고 수업 잘하고 학생들 잘 가르치는 좋은 교사가 교장이 되는 이 인사 시스템을 만들어야 된다고 조언했어요.

김누리 교수: 그러니까 지금 그게 많이 되더라고요. 공모제.

안민석 교수: 그렇죠, 근데 그 공모제도 무늬만 공모제이고 목표치를 채우지 않아요. 자율학교 중 50%까지 할 수 있는데 미니멈이 없어요. 좋은 교사가 교장이 되는 인사 시스템을 만들어서 그런 교장이 4년을 현장에 있도록 해야 된다. 이걸 제가 진보 교육감들께 꼭 하시라 요청했어요. 현장의 교장들이, 현장 사령관들이 싸울 의지가 없는데, 교장이 되는 게 목표인 사람들이 50대 후반에 교장이 되어 열정도 없이 그냥 무사안일하게 자리만 보전하다 가는 거죠. 이런

시스템을 바꾸지 않으면 죽었다 깨어나도 저는 안 된다고 생각해요. 제가 정치 마치고 기록들을 쭉 정리하다 보니까 한 1천 회 이상 학교를 방문했더라고요. 그래서 제 나름대로의 소신이 되었어요. 좋은 교장이 좋은 학교를 만듭니다.

김누리 교수: 중요한 말씀이네요. 좋은 선생님이 교장이 돼야 하죠. 그럼요.

안민석 교수: 4년 그리고 평가해서 잘하면 2–4년 정도 더 할 수 있도록 해야 된다. 그럼 4년 동안도 더 열심히 또 하죠. 이건 예산 들어가는 것도 아니거든요.

김누리 교수: 그러니까 안 의원님은 현장에서 딱 보면 이걸 어떤 제도 만들면 되겠구나 이게 보이는군요. 늘 그걸 하셔서…….

안민석 교수: 국내에 좋은 학교라는 이야기가 들리면 그 학교를 항상 찾아가 봤거든요. 공통점이 좋은 교장이 있다는 거예요. 그 교장이 선생님들 격려하면서 "하고 싶은 거 다 하세요. 교장이 책임집니다." 그러면 교

사들이…….

김누리 교수: 좋은 교육 한번 해 보자. 우리가 뭉쳐서.

안민석 교수: 우리나라 교사들은 세계에서 최고 우수한 집단이거든요. 그런데 지금은 교장이 이 교사들의 사기를 저하시키는 역할을 해요. 저는 교장이 핵심이라고 봅니다. 근데 이 이야기를 하는 사람이 거의 없죠. 현장을 모르니까. 이제 이 문제를 사회적으로 공론화시켜서 정책적인 합의에 도달할 수 있도록 해야죠.

김누리 교수: 그게 지금이란 말이죠.

안민석 교수: 그러니까 교수님도 교육 개혁의 주체가 교사라고 했는데 교사들이 총을 쥐어 줘도 쏠 의지가 없어요. 지금 이걸 내가 왜 쏴 가지고 책임을 지나? 책임지기 싫어. 사기가 죽어 있거든요. 교장의 리더십, 역할과 존재감이 필요해요. 그래도 학교 가면은 좋은 학교, 나쁜 학교, 인성 교육 되는 학교, 안 되는 학교를 아이들이 인사하는 거 보면 알아요. 거창고등학교 있잖아요. 거기 가면은 학생들이 50m 멀리 있다

가 쫓아와서 어디서 오셨습니까? 뭘 도와드릴까요? 그렇게 학생들이 깍듯이 인사를 잘해요. 초등학교 아이들도 인사 잘하는 학교는 교육이 되는 학교예요. 이런 학교는 교장 선생님이 달라요.

김누리 교수: 맞아요. 그건.

안민석 교수: 그래서 인사 시스템을 개선해야죠.

김누리 교수: 제가 쓴 책 『경쟁교육은 야만이다』는 교장들이 제일 싫어할 책이죠. 이 책이 경쟁교육 시키면 안 된다는 거니까. 교장들이 제일 싫어하는 책인데 교장들이 와서 강연해 달라는 데가 있어요.

안민석 교수: 그래요. 훌륭한 교장이네요. 그 자체로도 훌륭한 교장이지요.

김누리 교수: 가서 보니까 다 공모 교장들이었어요. 그게 공통점이에요.

안민석 교수: 그렇죠, 그 사람들이 4년 동안 학교에서 좋은 교육

을 하려고 애쓰죠.

김누리 교수: 이분들은 교육을 바꿔야 되겠구나. 이런 생각을 가진 분들이에요.

안민석 교수: 열정과 철학이 있는 교장 선생님이네요. 이런 분들이 있어서 한국 교육은 희망이 있죠. 교육대전환으로 빛의 혁명을 실현하고 교사와 학생, 학부모가 신나는 교육을 위해 교육대전환을 크게, 제대로 실천해야 합니다. AI 시대를 맞은 지금이 교육대전환의 적기입니다.

2부

교육 현장에
민들레 홀씨가 되다

AI 교육 선구자

AI 반도체 인재 육성은 경기교육으로

산업 시대, 정보 지식 시대를 지나 인공지능 시대가 도래했다. AI 반도체 HBM의 대부라고 불리는 카이스트 김정호 교수에 의하면 'AI의 발명은 불의 발견에 버금하는 새로운 문명의 도래'라고 역설한다. 그런데 우리는 이재명 대통령의 AI 3대 강국 선언 이후에도 중앙정부와 어느 지방정부도 제대로 대응하지 못하고 있다. 중국의 4차 산업 수준이 우리에게 넘사벽이 되었고, AI, 자율 주행 기술, 반도체 발달이 부럽고 두렵다. 경기도는 세계 최강 반도체 산업 중심지이지만 인재 양성에는 소홀하다. 경기도를 AI와 빅데이터, 소프트웨어에 기반한 4차 산업혁명의 요람으로 만든다면 경기도에는 다이아몬드처럼 빛나는 경쟁력 있는 미래가 펼쳐질 것이다. 나는 AI와 반도체 특성화고 신설과 초격차 글로컬 대학 경기도 설립을 위해 전문가들과 논의해 왔는데 2019년 김회웅 보좌관이 경기 남부에서 지리적으로 중앙에 있는 오산에 AI 특성화고를 유치해 보자는 제안을 했다. 그때부터 AI를 공부하며 AI 특성화고 유치를 위한 노력을 시작하게 되었다. 2022년 경기도지사 출마 선언을 평택 삼성 반도체 정문 앞에서 했던 것도 AI 반도체에 대한 관심 때문이었다.

2019년 가을 이재정 경기도교육감님을 만나 AI 교육 이야기를 하다가 교육감께서 4차 산업 교육 현장을 추천하셨다. 교육감께서 꼭 가볼 것을 권유하신 강남에 위치한 삼성 멀티 캠퍼스를 방문하였다. 삼성은 이미 대기업 직장인들과 청년 취업준비생들을 대상으로 소프트웨어, AI, 빅데이터, 블록체인 등의 교육을 실시하고 있었다.

삼성 측은 4차 산업 관련 교육이 실시되고 있는 멀티 캠퍼스 소개와 현장 일부를 설명했고 나는 신기와 감탄 속에 실제 4차 산업 교육 현장을 생생하게 느꼈다. 선진국보다 너무나 뒤처진 4차 산업 교육을 지금이라도 정부가 나서서 따라잡지 않으면 우리는 국제 무대에서 경쟁력을 갖추기 어려울 것이라는 우려를 실감하였다. 누구를 탓하기에 앞서 나 자신부터 반성했다. 국회의원을 하는 동안 교육 분야에서 오랜 기간 활동을 했지만

4차 산업혁명 시대에 대비한 교육을 말한 적도 관심을 가진 적도 없었기에 부끄러웠다. 내가 삼성이 20년 가까이 실시해 온 멀티 캠퍼스 현장 견학을 한 최초의 정치인이라는 사실에 더욱 놀랐다. 정치인이 불신받는 이유는 무엇보다 정치인 스스로의 자업자득이라는 생각이 들었다. 정치의 존재 이유는 국민들의 먹고사는 문제를 해결하는 것인데 다가오는 4차 산업혁명 시대에 '국민들이 무엇으로 먹고살 것인가'에 대한 고민과 관심에 대한민국의 정치와 정치인들이 집중해야 한다.

세상은 참 좁은 것 같다. 우리를 맞아 준 삼성 멀티 캠퍼스 책임자 박학규 센터장은 대학 동기였고 족보를 맞추어 보니 친구의 친구인 데다 이리저리 인연이 겹쳤다. 우린 그날 이후 친구가 되었는데 이후 박학규는 삼성 기흥 반도체 사장을 거쳐 지금은 삼성의 최고위 임원으로 있으며 지금까지 삼성과 반도체 관련 정보를 공부하는 데 많은 도움을 주었다. 그리고 멀티 캠퍼스 교육 실무 책임자인 김미정 박사님은 교육공학 박사 출신으로 나와 오산교육에 대해 사려 깊은 관심을 보였다. 내가 평소 주장해 온 교육의 기본은 인성과 건강이라는 주장에 대해 찬성하며 오산의 교육을 칭찬하였다. 국가도 하지 못한 일을 성공적으로 진행하는 오산의 교육 신화에 대해 삼성의 4차 산업 전문가에게 칭찬을 들으니 참 기분이 좋았다.

삼성 멀티 캠퍼스를 다녀온 후 AI 특성화고 오산 유치를 위해 교육감과 조찬 회동을 했다. AI 특성화고를 유치하는 것은 교육감의 동의 없이 불가능하기 때문이었다. 그동안의 준비 과정과 특성화고 필요성을 설명했다. 교육감은 훨씬 구체적이고 현실적인 조언을 했다. 고양이 그림을 보여주었더니 호랑이를 그려보자고 하는 격이었다. 교육감의 식견에 내 가슴이 쿵쿵 뛰었다.

교육감은 미래 교육을 선도하는 차원에서 오산 초중고 모든 학교에 AI 교육을 도입할 것을 제안했다. 너무도 좋은 제안이고 아무도 상상하지 못한 제안이었다. 진작에 국가 차원에서 4차 산업혁명에 대비한 교육이 준비되고 실천되어야 하지만 우리의 현실은 그렇지 못했다. 국가가 못 한 일을 오산에서 성공적으로 이루어내고 생존수영처럼 오산의 성공 사례를 경기도를 시작으로 국가 정책으로 도입하여 확산한다면 4차 산업혁명 시대의 교육을 오산이 선도하고 그것으로 오산은 경기도의 주요 경제 축으로 기능하게 될 것이다. 한신대 AI·SW학과 교수님들과 오산의 초중고를 연계하여 AI 교육을 선도적으로 실천한 오산교육공동체 관계자들께 감사드린다.

교육감은 AI, 빅데이터, 소프트웨어 관련 특성화고는 3년 과정으로는 부족하니 중고 연계 특성화고를 만들고, 특히 플러스 알파 과정으로 대학교와 연계하자고 제안했다. 이 역시 지당한 말씀이지만 누구도 상상하지 못한 대단한 발상이었다. 전문가들에 의하면 AI 교육은 3년 과정으로는 부족해서 특성화고만으로는 별 실효성이 없고 취업 가능성도 낮다고 염려하고 있지만, 중학교부터 특성화 교육을 실시하고 고교 입학 후에 대학과 연계된 교육을 한다면 AI 전문가 양성이 가능할 것이다.

특성화고가 설립되면 오후에는 기업으로 가서 현장 실습을 하도록 해야 한다는 교육감님의 의견은 내 귀를 번쩍 뜨이게 했다. 오산은 가능했기 때문이었다. 가까운 거리에 삼성, LG, 하이닉스가 있어서 점심을 먹은 학생들은 각자 기업체로 갈 수 있다. 그리고 기업체에 있는 AI 전문가들을 학교의 강사로 얼마든지 활용할 수 있다. 삼성을 비롯한 대기업들의 학교 지원과 투자도 충분히 가능하다. 기업의 수요에 필요한 맞춤형 교육을 하게 되면 졸업 후 모든 졸업생이 바로 취업하게 될 것이다.

그러나 AI 특성화고 유치는 첩첩산중이었다. 반도체 공장이 있는 이천, 용인, 화성, 평택을 놔두고 왜 오산인지 명분을 만들어야 했다. 특히 삼성 반도체가 있는 평택이 강하게 AI 특성화고 유치를 희망했지만 이미 주도권을 쥔 나의 눈치를 보며 결국 포기하였다. 그러나 오산시의 비협조와 경기도교육청의 소극적 태도로 교육부 투자 심사 1차를 통과하지 못해 낙담하였다. 오산시와 교육청을 독려하여 더 완성된 논리와 준비로 2차를 준비했으나 다시 선택되지 못했다. AI 특성화고 오산 유치는 결국 3차 심의에서 조건부로 통과되었다. 삼수 만에 이룬 쾌거였다. 교육부가 제기한 조건들을 충족한 후 학교 설립을 추진하였고, 2026년 3월 역사적 개교를 앞두고 있다. AI 특성화고 유치를 위해 많은 분들의 노력이 있었는데 특히 그중에서 경기도교육청에서 실무 책임자였던 수성고 동기인 내 친구 황윤규에게 감사드린다.

오산에 AI 특성화고를 유치하는 동안 나는 AI 공부를 열심히 했고, 2021년 국정 감사에서 AI 교육을 최초로 제기했다. 국정감사장에서 AI 로봇을 등장시켜 장관과 교육감들에게 인사를 대신하도록 했더니 모두 신기해했다. 현재의 교육과정은 1995년 김영삼 정부가 발표한 교육 개혁 체제가 바탕인데, 당시에는 산업 시대 인재 육성이 교육의 목적이었다. 그때는 AI 시대를 누구도 상상하지 못했다. 지금은 산업화 시대를 지나 AI 시대가 되어 AI가 인간과 생활에 미치는 영향은 하루가 다르게 변하고 있다. AI 시대에 맞는 교육과정을 다시 짜야 하고 이를 위해 김영삼 정부 때 만들어진 교육 체제를 폐지하고 새로운 판을 짜야 한다. 윤석열 정부에서는 AI 교육이 아니라 AI 활용 교육을 하여 예산을 낭비했고, AI 교과서 도입으로 커다란 혼란을 겪었다. 이제라도 AI 시대 교육과정으로 전면 개편하고 교사들의 준비도 서둘러야 한다. 경기도 교육부터 AI 교과과정의 재구성이 필요하다.

또 AI 공부를 하는 동안 경기AI교육특별시를 구상했고 이것을 지난 이재명 후보 직속 미래교육자치위원회가 발간한 교육백서에 포함했다. 교육백서에는 〈아시아 실리콘밸리, 대한민국 AI반도체교육특구 제안서〉 주제로 AI로 세계를 얻으려면 AI 인재 양성을 어떻게 할 것인가를 제시하였다. 비전문가의 거친 구상을 정교하게 다듬어 주신 AI 최고 전문가 카이스트 김정호 교수님의 적극적 성원과 조언으로 완성도가 높아졌다.

교육이 중심에 서면서 기업이 유치되는 형태로 하는 것이 AI 반도체 클러스터 성공의 핵심이다. 내가 버클리에 있는 동안 유심히 관찰한 실리콘밸리 역시 스탠퍼드대학과 UC 버클리대학을 중심으로 한 클러스터를 기본으로 형성된 IT 클러스터라는 점에 주목한다. 결국 한국은 다른 곳에서는 못 하는 것을 독점적으로 할 수 있는 파격적인 규제 혁신의 새로운 패러다임이 선행돼야 한다. 전 세계 수많은 인재들이 미국으로 향하는 것은 최고의 대학들이 미국에 있기 때문이기에 '우수한 대학→인재 흡수→인재 양성→기업 유치'의 선순환 구조를 만들어 내는 것이 필요하다. AI 반도체 인재 육성을 위한 특단의 국가적 대

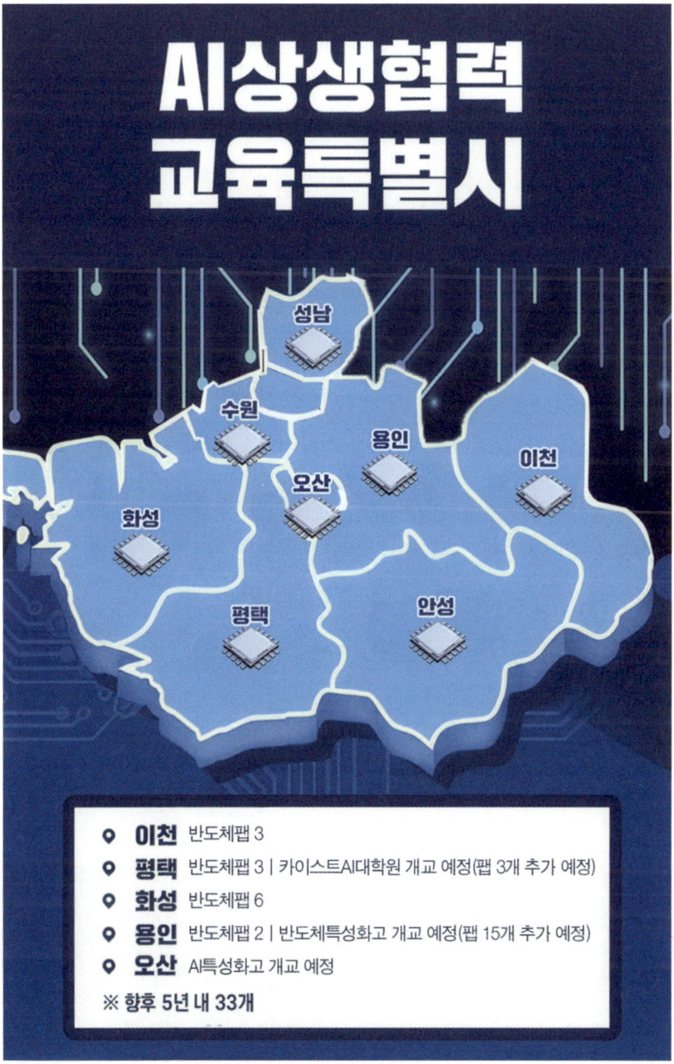

경기AI교육특별시 지도

책이 필요한데, 그중 예산 부담이 적고 저항 없이도 가능한 AI 반도체교육특구를 이재명 대통령 교육 정책으로 제안하였다.

산수화(오산, 수원, 화성)를 포함한 용인, 이천, 평택, 안성, 성남 등 8개 지자체는 AI 반도체 인재 육성을 위한 글로벌 기반 도시 인구가 500만 명에 이른다. 수원 삼성전자 본사, 이천 반도체 팹 3개, 평택 팹 3개(3개 팹 추가 예정)가 가동 중이며 카이스트 평택 캠퍼스가 개교 예정이다. 화성 팹 6개, 용인 팹 2개(15개 추가 예정)와 반도체 특성화고 개교 예정이며, 오산 AI 특성화고가 2026년에 개교 예정이다. 성남 팹리스 등 판교 IT 밸리, 안성 소부장 특화 단지가 국가로부터 지정되어 추진 중에 있다. 경기 남부에 향후 총 33개 팹이 운영 예정인데 이 정도면 세계 최대 규모이다. 용인외고, 화성고, 세마고(오산) 등 국내 최고 수준의 고등학교를 비롯한 초·중학교 AI 교육과정을 연계하는 협업 프로그램을 구축하면, 강남 교육열 방지 효과도 기대된다.

문제는 8개 지자체가 상호 협력 없이 각자도생하며, 용인, 평택, 화성이 서로 반도체특별시를 표방하지만 인재 육성 대안이 부재한다는 것이다. 실리콘밸리는 스탠퍼드대학과 UC 버클리 연구 중심 대학을 기반으로 미국 캘리포니아 중심지에 위치한다. 산호세 등 7개 도시에 기술 혁신의 중심지로서 구글, 넷플

릭스, 테슬라, 페이스북, 애플 등 세계적 IT 기업 본사가 입주해 있다. 실리콘밸리 면적은 서울의 몇 배에 이르니 경기 남부를 아시아의 실리콘밸리로 만들기 최적의 조건을 갖추고 있음에도 상호 협력이 부족하다. 성균관대, 한신대, 경희대와 개교를 준비 중인 카이스트 평택 캠퍼스, 오산 AI 특성화고, 용인 반도체 특성화고 간의 상생 전략이 부재하고, 화성고, 세마고 등 최고 명문고들과의 연계도 전무하고 삼성, SK와 협업 계획도 미비하니 답답하다.

대안은 경기 남부 8개 도시를 묶어 AI반도체교육특구로 지정하고 초중고 AI 교육 교육과정 운영 및 규제를 완화하고 국립 AI 반도체 내학을 설립하는 것이다. 2025년 경기연구원에서는 세계 최강 반도체 중심 경기도에 글로벌 초격차 대학원 설립을 제안하였는데, AI반도체교육특구의 비전 속에 담아 실천하면 좋겠다. 8개 지자체 간 AI 반도체 상생협력위원회를 운영하여 인재 육성 및 지자체 간 전기, 용수, 도로 등 상생 협력하면 아시아 실리콘밸리로 성장할 가능성이 충분하다.

시야를 넓혀 카네기멜론 등 해외 대학 유치 및 스탠퍼드대, 버클리대와 협력할 수도 있다. 중앙정부, 경기도, 8개 지자체가 협력하여 미국 유명 대학의 분교 등 아이코닉한 대학 유치도 가능하다. IT 분야에서 자타 공인 세계 1위인 카네기멜론대학교나 AI 교육으로 명문으로 거듭난 보스턴 노스이스턴대학 등이 들어온다고 하면 모든 학부모들이 주목할 것이다.

공교육 역시 초등학교부터 고등학교로 이어지는 특별 커리큘럼을 통해 클러스터 지원을 할 수 있는데, 미국의 조지아주에서 미국 최초로 AI를 중심 주제로 삼은 교육 기관 세킹어고등학교가 좋은 예가 될 수 있다. 이 학교는 세킹어 클러스터의 중심으로 하모니, 아이비 크리크, 패트릭초등학교와 존스중학교를 포함하여 K-12 전 학년에 걸쳐 AI 교육을 통합하여 학생들이 미래 기술에 대비할 수 있도록 지원한다. 이 고등학교는 전통적인 과목을 AI 관점에서 재해석하여 교육하는 혁신적인 커리큘럼을 운영하여 수학, 과학, 영어, 역사 등 모든 과목에서 AI 기술을 접목하여 학생들의 흥미와 참여도를 높이고 있다. 세킹어고교를 벤치마킹하여 공교육 커리큘럼 라인을 시범 운영해 우리나라 전국 단위로 확대하는 것도 추후 검토할 만하다.

애플, 아마존, 구글, 마이크로소프트, 엔비디아 등 AI 반도체 글로벌 기업을 유치하는 것이 불가능하지 않다. AI반도체교육특구는 해외 기업들과 인재들이 매력을 느낄 여건을 조성하자는 제안인데 내가 22대 국회에 진입하지 못하여 진행하지 못해 아쉽지만 경기 AI 교육이 경기 남부에서 시작하여 경기 북부로 이어지는 꿈은 여전히 현재진행형이다. 꿈꾸는 자가 세상을 바꾼다.

벽깨기 교육 최초 제안자

학교를 넘어 지역과 손잡고 상생하기

학교와 지역 연계를 통해 학생과 시민이 상생하는, 교육청과 지자체 간의 거버넌스가 최근에 강조되고 있다. 마을교육공동체 이론가인 김용련 교수가 대통령실 교육비서관으로 임명되는 시대가 되었다. 나는 거버넌스라는 표현 대신에 순우리말인 '벽깨기'라는 용어를 사용하여 학교와 지역의 상생을 주장하고 실천해 왔다. 내가 벽깨기 원조가 된 이유는 2004년 국회 대정부 질의에서 벽깨기를 처음으로 제안한 후 20년간 이어온 고유 어젠다이기 때문이다. 20년 전부터 내가 주창해 온 학교와 지역 벽깨기가 마침내 이재명 정부의 교육 국정 과제로 채택되었다. 앞으로 벽깨기는 시대적 화두가 될 것이다.

유네스코에서도 공공재common good로서의 교육 개념을 제안하여, 교육이 공적으로 누구에게나 제공되어야 하는 공공재 public goods일 뿐만 아니라, 전 사회적 참여와 노력으로 함께 만들어 가는 공공재임을 제시하며, '협력과 연대'를 지향해야 함을 강조한다. 지역 교육생태계는 지역의 교육적 네트워크를 바탕으로 학습과 배움을 통해 지역 공동체 구성원 모두가 성장하는 선순환 구조이다. 이에 마을교육공동체 운동에서 학교와 지역의 연계를 강조하는데 나는 학교와 지역의 거버넌스를 2004년 국회에서 가장 먼저 공론화하며 2020년에 학교복합시설 설치 및 운영·관리에 대한 법률 제정까지 오랜 기간 동안 벽깨기를 주장하고 실천하였다. 교육부에서 의무교육으로 시행하고 있는 생존수영을 오산에서 전국 최초로 실시한 것도 벽깨기 성공 모델이다. 진보 교육감들이 주도한 인천 은하수학교, 광주 삶디, 군산 자몽학교, 경남 행복마을학교 등 학교 밖의 자치 배움터도 벽깨기의 좋은 사례들이다.

학교복합시설

내가 국회의원이 된 2004년 즈음에는 체육관과 도서관이 없는 학교가 흔했다. 나는 '아이들이 건강하고 행복한 나라'를 모토로 하여 모든 학교에 체육관과 도서관을 건립하고 싶었다. 이를 위해 지금은 이 세상에 없는 서귀포 출신의 김재윤 의원과 영혼을 갈아 넣기로 약속했다. 선진국처럼 집 근처 걸어서 5분

거리에 아이들과 어른들이 공유하는 도서관과 수영장, 체육관이 있는 대한민국을 만드는 일을 꼭 하고 싶었다. 그래서 지역구 오산부터 도서관과 체육관 그리고 수영장을 많이 건립했다. 일본이나 영국처럼 학교 안에 복합시설을 지어 아이들과 어른들이 함께 사용하도록 한다면 부족한 부지 문제를 해결하고 예산도 절약되는 한국형 모델이라 생각했다. 그렇게 지어진 수영장, 체육관 등을 갖춘 오산 원동초 복합시설은 전국적인 모델이 되었다.

'벽깨기'란 용어도 처음엔 학교와 지역 거버넌스로 표현하던 것이 내가 학교와 지역의 벽을 허물어 학생과 주민이 상생하자는 뜻으로 창안했다. 꿈의학교, 몽실학교, 공유학교 등은 학생들이 학교 밖으로 나가 지역 자원을 이용하여 다양한 체험 활동을 하는 것이고, 학교 체육관 개방은 주민을 위해 학교가 시설을 개방하는 것으로 학교와 지역의 벽깨기 사례이다. 고교학점제도 지역 대학과 벽을 깨고 협력하면 서로 도움이 될 것이다.

벽깨기 최초 제안자로서 나는 노무현, 이명박, 박근혜, 문재인, 윤석열 정부에 이르기까지 줄기차게 학교복합시설을 주장하고 대안을 제시했다. 벽깨기는 지역과 학교가 협력하여 주민과 학생 모두에게 혜택을 누리도록 하며, 지자체와 학교, 교육청 간에 행정의 턱을 낮추어야 하는데 오산시와 화성오산교육

지원청이 모범을 보여 왔다. 전국의 학교를 가장 많이 다녀본 내가 볼 때 지자체와 교육청과 학교의 문턱이 가장 낮은 도시를 꼽으라면 오산시라고 생각한다. 학교와 지역의 문턱이 낮을수록 학생과 주민에게 벽깨기 시너지 효과는 더욱 크게 나타난다.

2004년 처음 국회의원이 된 직후 첫 번째 대정부 질문에서 당시 이해찬 국무총리께 학교복합시설을 정부 정책으로 할 것을 최초로 제안하였다. 나의 논리와 제안을 바탕으로 2005년 노무현 정부에서 〈한국형 황금 계획〉을 수립하여 학교복합시설 설립에 대한 의지를 밝히기도 했다. 이후 문재인 정부가 실시한 지역 복합시설의 모태는 내가 이미 2004년에 제안한 학교복합시설이었다. 문재인 정부인 2020년에 내가 대표 발의한 학교복합시설법이 제정된 것은 최초 제안 후 거의 20년 만에 이루어낸 쾌거였다. 한 정치인의 제안이 법률로 제정되고 국가의 정책이 되기까지 긴 시간이 걸렸다.

한국형 황금 계획Korean Golden Plan이란 학교는 부지를 제공하고 정부가 학교에 문화스포츠센터를 건립하여 주민과 학생이 함께 사용하자는 것이다. 이러면 학교는 수영장, 도서관을 포함한 문화 스포츠 시설을 가지게 되고 지자체는 부지 문제를 해결하여 누이 좋고 매부 좋은 정책이 된다. 시설 활용 측면에서도 학생들과 주민이 함께 사용하니 가성비가 훨씬 높아진다.

사실 선진국 학교에서는 흔한 일인데 우리는 교육청과 지자체 간에 벽이 워낙 높다 보니 이런저런 이유로 불가능한 것처럼 보였다. 학교는 예산 때문에 수영장을 지을 엄두를 내지 못하고, 지자체는 도심지에 스포츠센터를 지을 부지 확보가 어려운 형편이어서 복합시설은 박근혜 정부까지 정부 정책으로 수용되지 못한 채 흘러왔다. 그러나 2020년 학교복합시설법이 제정되기 전에도 학교 내 복합시설이 200여 학교에서 건립되었다. 2011년 학교에 지자체 예산 투입이 가능하도록 행정안전부와 힘겨운 실랑이 끝에 '공유재산 및 물품 관리법' 시행령을 개정했기 때문이다. 지금은 강원도로 귀향하여 농사를 짓는 김준수 보좌관의 노력 덕분이었다.

경기도 최초의 학교복합시설로 알려진 오산초 물향기센터의 건립 과정은 초기에 복합시설을 건립하는 데 얼마나 어려움이 있었는지 말해 준다. 학부모들과 시민들의 천막 농성을 포함하여 7년 만인 2012년에 건립된 물향기센터는 주민과 학부모가 함께 힘을 모아 투쟁으로 벽을 깬 사례이다. 지금은 세교 2단지 아파트 단지로 변모했지만 오산초가 위치한 초평동은 문화체육 인프라가 없어 주민들과 학생들의 불만이 많았다. 그래서 오산초에 복합시설을 건립하기로 계획하고 당시 정동채 문화관광부 장관을 설득하여 오산초 복합시설 건립을 위해 2005

년에 30억 원을 지원받았고 2007년 김진춘 경기도교육감을 설득하여 학교 울타리와 붙은 LH 부지를 매입하였다. 힘든 일이었지만 교육감께서 결단해 주셨다. 그리고 2008년 MB 정부 때 교육부 장관 특별교부금으로 15억 원을 지원받아 총 45억 원이 확보되었으나 여전히 부족한 금액이었다. 2009년 초대 민선 교육감으로 당선된 김상곤 경기도교육감께 당선 직후 오산초 방문을 요청하였고 교육감을 설득하여 15억 원 추가 지원을 약속받았다. 이렇게 해서 60억 원의 사업비가 모아졌으나 당시 한나라당 소속 오산시장이 오산초 복합시설을 반대하며 국비를 반납하려 하자 한겨울에 학부모들과 함께 시청 앞 천막 농성에 돌입하여 국비 반납을 막아냈다. 2012년 7년이나 걸린 오산초 물향기센터 준공은 학교와 지자체의 벽깨기가 얼마나 어려운 일이었는지 말해 준다. 벽을 허문 결과 물향기센터는 오산 초평동 아이들과 주민들의 문화 체육 공간으로 잘 활용되고 있다.

오산초 물향기센터 건립 후 공무원들과 학부모들은 비로소 복합시설을 이해하였고, 나는 또다시 원동초에 복합시설 건립을 추진하였다. 2013년 교육부 특별교부금 15억 원을 종잣돈으로 해서 2년간 75억 원의 예산을 모았다. 오산시 20억, 경기도교육청 30억, 경기도 10억 원을 힘겹게 만들었다. 애초에는 체육관만 지을 계획이었는데 내가 이왕이면 수영장까지 포함하는 스포츠센터를 만들어 주민과 함께 이용하는 복합시설을 짓

자고 주장하였다. 그 결과 공사는 예정보다 많이 지연되었지만 2017년 3월 원동초 스포츠센터가 완공되었다.

원동초 복합시설은 체육관 예산 확보 후 4년이 걸렸다. 원동초 학생들은 모든 학년이 즐겁게 수영을 배운다. 학부모들과 주민들도 스포츠센터에서 수영과 줌바를 즐기는 현장을 볼 때마다 복합시설은 더 확대되어야 한다고 믿었다. 그래서 경기도부터 복합시설을 더 확대하도록 문체부와 경기도교육청, 경기도에 복합시설 협약식을 제안했고, 2019년 학교복합시설의 성공 모델인 원동초에서 역사적인 협약을 하게 되었다. 오산 원동초에 박양우 문화체육관광부 장관과 이재정 경기도교육감이 오셔서 학교복합시설 협약식을 가졌다. 장관급인 대통령직속 국가균형발전위원회 송재호 위원장과 경기도지사를 대신하여 부지사도 협약서에 서명했다. 문화체육관광부와 경기도교육청 그리고 경기도가 협약을 맺고 학교에 주민과 학생이 공유하는 문화스포츠센터를 경기도부터 건립하기로 함으로써 내가 초선 시절부터 주장해 오던 학교복합시설이 국가 정책에 반영되는 전기를 마련하였다.

2019년 원동초 협약은 학교복합시설이 예산도 절약하고 부지 문제도 해결되고 활용도도 높은 새로운 정책 대안이라는 문재인 정부의 공감대를 확산시켰다. 누이 좋고 매부 좋고 도랑 치고 가재 잡는다는 표현이 딱 맞는 정책이다. 그리고 2020년 학교복합시설법이 제정되었다. 학교복합시설을 최초로 제안한 지 15년 지나 오산에서 협약식을 가지게 되어 개인적으로 매우 행복했고, 그 후 법까지 제정되었으니 대한민국 벽깨기 최초 제안자이자 학교복합시설의 저작권자로서 자부심을 느낀다.

경기 골든 플랜

윤석열 정부의 이주호 교육부 장관이 취임 초기에 오산 원동초를 방문한 후 학교복합시설 확충에 의욕을 보이기 시작했다. 해마다 40개의 학교를 선정하여 복합시설을 설립할 만큼 국가 정책이 되었다. 골든 플랜을 이제라도 경기도가 선도적으로 실행하고 전국으로 확산하여 한국형 골든 플랜이 실천되길 바란다.

나는 지난 몇 년 동안 경기 골든 플랜Gyeonggi Golden Plan(GGP)을 주장해 왔다. GGP는 2024년 합계 출산율 0.75명 및 초고령사회 진입(65세 이상 20%)을 고려한 학교와 지역의 확고한 거버넌스의 필요에 의거했다. 학교와 지역사회 융합을 통한 미래 교육 전환 추진의 법적 근거는 내가 대표 발의한 교육, 문화, 복지시설을 개방형 복합시설로 학교에 건립하여 주민들과 공유하는 학교복합시설 설치 및 운영·관리에 관한 법률 제정으로 충분하고, 2025년에는 학교복합시설에 유치원, 폐교 및 대학을 포함하고, 복합시설지원센터 설립을 추가하는 법률안 개정이 이루어졌다. 이에 경기도 학생과 주민을 위한 교육, 문화, 체육,

복지 복합시설 건립을 위해 중장기 계획을 세우고 실현하면, 학교는 단순히 학습의 공간을 넘어 지역사회의 중심으로 자리 잡아 지역사회의 지속 가능성을 높이는 데 기여할 것이다.

GGP는 주민과 학생이 공유하는 학교복합시설을 연차별 설치하자는 것인데, 수영장 + 도서관 + 교육 + 문화 + 복지시설을 경기도 학교에 10년간 연차적으로 건립하는 정책이다. 인구 10만 명 기준 각 1개소 설치한다면, 아동 + 성인 + 노인 등 3세대의 지역사회 내 여가 및 복지시설 기능도 병행할 수 있다. 특히 2016년 출생아가 40만 명 수준이었는데 10년 사이 절반으로 줄었고, 10년 후에는 10만 명 수준으로 우려되는 학령기 인구 감소를 대비하여 돌봄교실 설치도 필요하다. 또 도심 폐교에는 랜드마크형 도서관 건립도 추진할 만하다.

GGP를 어떻게 실행할 것인가? 현재 경기도에는 학교복합시설이 19개가 있고, 그중 수영장이 있는 시설은 7개에 불과하다. 경기 골든 플랜이 완성되는 10년 후에 인구 10만 명당 1개의 복합시설을 목표로 경기도와 경기도교육청이 지자체와 협력하여 추진하면 될 것이다. 학교는 부지 제공, 중앙정부, 경기도, 교육청, 지자체가 건축 예산을 부담하는 형식이다.

수영장, 작은도서관, 영유아 및 아동 돌봄센터, 방과후 교육공간(사교육 경감), 청소년 공간(예술 공간), 노인 여가 공간 등을 복합적으로 구성하며, 10년간 연도별 계획 수립하에 희망하는 곳부터 순차적 건립하며, 운영은 오산 원동초 복합시설처럼 지자체에 위임하면 된다. 또 도심 폐교를 다양한 체험 중심 교육장으로 전환하고 랜드마크형 도서관 및 체험센터를 설립하여 운영한다면 구도심 활성화에도 기여하고 지방 시·군 중심 지역의 경우 주민 정주 여건 개선에도 도움이 될 것이다.

경기도, 경기도교육청과 지자체가 벽깨기를 통해 경기 골든 플랜을 실천하여 10년 이내에 150개의 학교복합시설이 운영된다면, 벽깨기를 통해서 교육 문화 인프라를 획기적으로 늘릴 수 있다. 기존처럼 기관 간, 학교와 지역 사이에 칸막이와 벽이 높이 쌓여 있으면 상상조차 불가능하다. 새로운 패러다임으로 접근하여 상생 협력의 정신으로 벽깨기를 한다면 예산을 절약하면서 주민들과 학생들에게 건강과 복지, 문화를 향유하도록 할 수 있다. 어쩌면 벽깨기 여부가 경기도 학생들과 주민들의 행복 지수를 가늠하는 새로운 지표가 될 것이다. 24시간 돌봄센터, 노인 복지시설, 진로 직업 교육센터, 주차장 활용, 지역 복합 문화 체육센터 등 학교 밖 배움터에 대한 최적의 대안을 지자체와 교육청이 벽깨기를 통해 만들 수 있다.

이재명 정부도 지역과 학교 거버넌스를 국정 과제로 설정했으니, 중앙정부와 경기도, 경기도교육청, 지자체가 협력하면 〈경기

황금 계획〉을 실현할 수 있다. 통섭학자 최재천 교수의 통섭처럼 지역과 학교는 경계를 넘나들며 활발한 상생 협력을 통해 교육의 질을 높여야 한다. 벽깨기는 저출산 시대 저비용 고효율의 새로운 길 블루오션이다. 더 이상 예산 타령을 하지 말아야 한다. 예산이 부족한 것이 아니라 의지와 철학의 빈곤으로 못 할 뿐이다. 벽깨기를 실천하면 주민과 학생을 위한 문화 체육 르네상스 시대가 열릴 것이다.

생존수영 교육 전도사

생존에서 100세 시대 건강을 수영으로

한국 학생들은 미래에 필요하지 않은 지식과 존재하지도 않을 직업을 위해 하루 15시간씩 공부하고 있다. 엘빈 토플러가 2008년에 한 말이다. 우리 학생들은 수업 후에도 학교에 남거나 학원으로 가서 공부한다. 미국이나 선진 외국 학생들은 3시경에 수업을 마치면 학교나 동네에서 스포츠를 포함한 방과후 활동을 즐겁게 한다. 대부분의 선진국 학교에 수영장이 있는데 우리의 사정은 전혀 다르다. 수영은 생존 교육인데 우리나라 일반 학생들이 수영을 배울 기회가 별로 없었다.

그러나 세월호 참사 이후 초등학교 3학년이 되면 대한민국 모든 아이들은 생존수영을 배운다. 길거리나 가게에서 만나는 초등학생들에게 생존수영에 대해 물어보면 한결같이 즐겁고

재미있다고 대답한다. 누군가 처음 학교에서 수영을 가르치자고 했을 때 반응이 어떠했을까? 의무교육이 된 생존수영을 누가 제안하고 시작했을까? 정작 아는 사람이 별로 없다. 어마어마한 역사가 이루어졌을 때는 길을 개척한 사람이 있기 마련이다. 나는 대한민국의 공교육에서 아이들에게 수영을 가르쳐야 한다고 주장하며 세월호 참사 이전부터 오산에서 수영 수업을 시작하였다.

2011년 오산의 아이들에게 수영을 가르치자고 했을 때 모든 사람들이 불가능한 일이라고 손사래를 쳤다. 수영장도 턱없이 부족하고, 예산도 힘들고, 특히 안전사고에 대한 우려 때문이었다. 그러한 우려를 충분히 이해하고 반대를 예상했다. 다행히 2011년 2학기 화성초등학교 위성정 교장과 문정애 교감께서 앞장서 저소득 아이들을 위한 방과후 프로그램으로 수영 수업을 처음으로 실행하여 그 물꼬를 틀 수 있었다. 그리고 2012년에는 운천초와 운산초가 수영 수업에 동참하여 오산 수영 신화가 만들어지는 분위기가 성숙되었다.

그럼에도 오산시와 교육청에서는 초등 3학년 전체 아이들에게 수영 수업을 실시하려는 엄두를 내지 못했다. 2013년 1월 관계자와 전문가 간담회를 개최하여 양 기관의 공무원들이 서서히 자신감을 갖게 되었고, 2월 시장님과 교육장님을 설득한 결과 2013년 1학기부터 초3 전체 학생이 참여하는 수영 수업으로 오산 수영 신화를 시작할 수 있었다. 그리고 2013년 가을 '오산 수영 신화, 오산을 넘어 대한민국으로'라는 주제의 수영 한마당 축제가 열려 한 해 동안 애쓴 지도자와 자원봉사자 및 관계자 들과 함께 아이들이 수영장에서 즐겁게 행사를 치렀다. 그 해 가을 국정 감사장에서 오산의 수영 수업을 소개하며 교육부가 전국적으로 확산하기를 제안했지만 불가능한 것으로 여기고 귀담아듣지 않았다. 세월호 참사 이후에야 안전 교육에 대한 사회적 관심이 높아져 교육부가 나의 제안을 수용하기에 이르렀다. 소 잃고 외양간 고치기!

내가 아이들에게 수영을 가르쳐야 한다고 주장한 이유는 세 가지이다.

첫째, 수영은 생존 교육이다. 국·영·수 못해도 생명에는 지장 없지만, 수영을 못하면 생명을 잃게 된다. 특히 삼면이 바다로 둘러싸인 우리나라에서는 아이들에게 일본이나 유럽처럼 수영을 학교에서 가르쳐야 한다고 생각한다. 학교는 아이들에게 꼭 필요한 것을 반드시 가르쳐야 하는데, 수영이 바로 여기에 해당하기 때문이다.

둘째, 수영은 인성 교육이다. 수영을 통해 학교폭력과 따돌림 문제가 해소될 것으로 믿는다. 학교폭력과 왕따는 이미 국가·사회적 문제가 되었지만 백약이 무효이다. 오산 수영 수업 효과에 대한 서울대의 연구에서 수영이 아이들의 인성 함양과 교우 관계 개선에 도움이 되었다고 나타났다. 앞으로 더 많은 연구를 통해 밝혀지겠지만, 수영 수업을 통해 아이들이 나누는 공동체 의식과 스킨십은 어느 활동보다도 뛰어날 것이라는 상식 수준의 판단이 가능할 것이다.

셋째, 수영은 평생 운동이다. 초고령화 시대에 수영은 늙어서도 할 수 있는 유일한 운동이다. 땅이나 체육관에서 하는 대부분의 운동은 근력과 스피드, 체력이 떨어지는 60대 이후에는 하기가 어렵다. 반면 수영은 평생 스포츠이므로, 어릴 적부터 노년기까지 즐길 수 있는 유일한 운동으로 전문가들이 추천한다. 학교에서 평생 스포츠 종목 하나쯤은 가르쳐야 하지 않을까?

오산 수영 신화는 많은 분들의 협력으로 가능했다. 시청과 교육청 간에 존재하는 관습의 높은 벽을 허물고자 했던 자랑스러운 교육청과 오산시 공무원들, 버스를 무상 기부해 주신 오산침례교회 김종훈 목사님, 부자관광 김요셉 사장님과 이화다이아몬드 김재희 사장님, 또 50명에 달하는 멋진 명예 강사들의 헌신으로 가능했다. 특히 아이들을 학교 밖 수영장으로 보내는 것을 허락해 주신 21개교 교장 선생님들의 용기에 감사드린다.

브라질 나비의 날갯짓이 텍사스에 강풍을 몰고 온다는 나비

효과를 나는 세월호 참사가 나던 해 가을 오산에서 열린 '수영 안전 교육 한마당 축제'에서 목격했다. 그날 행사는 황우여 사회부총리 겸 교육부 장관, 설훈 교육문화체육관광위원장, 이재정 교육감, 염태영 수원시장을 비롯한 주요 인사들과 제주, 부산, 울산, 광주 등 전국 각지에서 많은 분들이 행사에 참여하였다.

행사는 오산의 수영 신화를 전국으로 확산하기 위해 마련되었기에 세월호 이후 안전 교육에 관심을 가진 분들이 오산으로 오게 된 것이다. 이날 행사를 계기로 오산은 명실상부한 안전 교육 도시로 부각되었고 수영 교육의 메카로 자리매김하였다. 2019년 박양우 문화체육관광부 장관께서 수영 수업을 최초로 시작했던 오산스포츠센터 건물 앞에 작은 동판을 세워 주셔서 수영 교육 메카 오산은 정부의 공인을 받게 되었다.

오산 수영 신화 연대기

오산의 수영 신화의 단초는 우연히도 오산의 동네 치맥집에서 시작되었다. 수영용품을 생산하는 공장을 운영하며 일본을 자주 오가는 공창배 선배가 맥주를 마시다 "안 의원, 오산에서도 일본처럼 학교에서 학생들 수영을 가르치면 어떨까?"라고 제안하였다. 그 말을 들은 나는 처음에는 "형, 말도 안 돼!"라며 일언지하에 거부했다. 교육위원회 간사로서 MB 정부의 수월성 교육을 막기 위해 혼신의 힘을 다하였다. 외고, 자사고, 특목고가 1% 상위권 학생들만의 리그라는 점을 부각시키고 있었다.

그러면서도 공 선배님이 하셨던 "국, 영, 수 못해도 죽지 않지만, 수영 못하면 죽는 거야. 이런 생존 교육을 공교육에서 가르쳐야 해."라는 충고가 귓가를 몇 달간 맴돌았다. 2011년 봄, 아침에 테니스를 하다가 갑자기 '학교에서 수영을 가르치는 것이 과연 불가능할까'라는 물음표를 던졌고 보좌진에게 물었다. 물론 모두 반대했다. 오산에는 수영장이 두 개밖에 없고, 기존의 수영 동호인들이 반대하며, 더 많은 강사와 이동 차량이 필요하고, 무엇보다도 안전사고 우려가 크기 때문에 수영 수업은 불가능하다는 의견이었다. 내가 한때 보좌관으로 모신, 수영장을 관리하는 오산시시설관리공단 이종상 이사장님께 "선배님, 아이들 수영을 이곳에서 가르치면 어떨까요?"라며 의중을 살폈더니 펄펄 뛰시며 반대하셨다. 안전사고에 대한 우려, 강사 확보 문제, 예산 문제 등 때문에 절대 불가능한 일이라며 "의원님, 큰일 납니다. 하지 마세요."라며 간곡히 만류하셨다.

좌절을 느낀 채 시·도의원님들과 친한 교장 선생님들께도 제안했으나 아무도 찬성하지 않았다. 이건 혼자 힘으로 할 수 있는 일이 아니었다. 오산시와 교육청이 힘을 모아야 하고, 특히 교장 선생님들의 동의 없이는 상상할 수 없는 일이기에 나는 본전도 못 찾고 단념할 지경까지 이르렀다. 이상한 사람 취급도 받았고 심지어 제정신이 아니라는 말까지 들었다. 그러나 포기하지 않고 나의 신념을 믿으며 뜻을 굽히지 않았다.

그러던 중 작은 반전이 일어났다. 2011년 2학기 화성초 위성정 교장 선생님의 결단으로 방과후 수영을 시작했다. 그리고 2012년 1월에 운천초 고일석 교장 선생님께서 "의원님, 아이들 수영 교육을 방과후가 아닌 정규 수업으로 운천초가 해 볼까 합니다. 예산만 좀 보태주실 수 있을까요? 그리고 화성초, 운산초 교장과도 함께 상의해 보겠습니다." 고일석 교장께서 화성초, 운산초 교장 선생님들과 의기투합하여 정규 시간에 수영을 하기로 하고, 3학년을 대상으로 40시간 이수하기로 하였다. 거리상 차량으로 이동해야 하고 규모가 작은 화성초가 4월에, 도보 이동이 가능한 운천초가 5, 6월에, 그리고 운산초가 9, 10월에 시행하기로 하였다. 먼저 시행한 화성초가 수업을 성공적으로 마쳤다. 학급당 학생이 소수여서 수영 지도 강사들에게도 유익한 경험이 되었다. 운천초는 3학년 학부모를 대상으로 자원봉사단을 구성하여 학생들의 안전한 이동에 대비하였다. 그런데 학생들과 학부모들의 반응이 가히 폭발적이었다. 학부모들 자신이 수영 교육을 받는 것처럼 학생들과 함께 즐거워하였다. 결과는 성공적이었다. 3학년 학생들과 담임 교사들, 그리고 학부모들은 함께 성취감을 만끽하였다.

아이들이 너무 좋아하고, 수영하기 전과 후 교실 분위기가 달라져 왕따가 없어졌으며, 무엇보다 운동장 수업보다 훨씬 안전하다고 입증되었다. 아이들 이동을 위해 엄마들이 자원봉사에 나서니 학교와 학부모들의 소통도 저절로 이루어졌다. 아이들이 즐거워하고, 아이들의 표정이 밝아졌으며, 왕따 문제가 해소되어 학교 분위기가 달라진 것이다. 수영 수업을 받고 오면 밥을 맛있게 먹어 좋다는 학부모님들의 목소리도 들렸다. 특히 가정 형편이 어려운 아이들이 수영장에 처음 가보았다는 말을 듣고 교육 불평등 해소의 일환이라는 생각도 들었다.

수영 교육을 마친 세 분의 교장 선생님들이 다른 학교 교장 선생님들을 설득하고 홍보하면서 수영을 반대하던 오산 교장 선생님들의 마음이 열리기 시작하였다. 오산에서 운천초 교장으로 8년 동안 근무할 만큼 학부모들과 교육자들에게 신망을 받았던 고일석 선생님께서 나서지 않았더라면 오산의 수영 신화는 불가능하였고, 지금처럼 생존수영이 의무교육화되지 않았을 것이다. 고일석 교장 선생님은 저에게 교장의 표상이 되었는데 나는 어느 해 국정 감사장에서 최고의 교육자 모델로서 그분을 소개하기도 했다. 고일석 교장 선생님이 다른 교장 선생님들을 설득하자 자연스럽게 효과가 있었던 것이다. 이래서 오산의 수영 신화는 시작되는 듯 보였다.

그러나 흔들리지 않고 피는 꽃은 없다. 박근혜 대통령 당선으로 우울해하던 즈음 나는 2013년을 맞으며 21개 모든 초등학교 수영 수업을 추진하겠다는 기대감에 부풀어 올랐으나 정작 교육청과 시청은 여전히 부정적이었다. 교육청과 시청 두 기관이 힘을 모으지 않으면 절대 가능하지 않은 일이다. 그즈음 함박눈이 엄청 내린 추운 겨울날 밤 박태환 선수의 스승인 노민상 감독님을 오산에 초청해서 수영과 아이들 건강 안전 관련 세미나도 개최했지만 기관은 여전히 회의적이었다. 예산 타령에다 사고에 대한 두려움을 감당하지 못해서 하지 말자는 말을 노골적으로 하는 공무원도 있었다. 폭설이 내리던 2013년 1월 어느 추운 겨울밤 교육청과 시청 그리고 관계자들이 모여 새 학기 전면 실시 여부에 대한 두 번째 토론을 했으나 예산 문제가 현실적으로 걸렸다. 특히 아이들이 이동하려면 전용 버스가 필요한데 버스 구입과 기사 급여를 위해 1억 원가량 필요하다고 하니 난감했다.

그동안 부정적이었던 이종상 이사장님은 어느새 지지자로 바뀌어 공무원들을 설득하고 계셨다. 나는 버스 문제 해결을 위해 오산침례교회 김종훈 목사님께 교회 차량 기부를 허락받았다. 이에 더해 이화다이아몬드 김재희 사장께서 낮 시간에 대기하고 있는 통근 차량을, 부자관광 김요셉 사장님도 수영을 위해 버스를 기부하기로 하면서 버스 문제를 해결하였다. 또 현재 광주에서 행정실장으로 근무하는 화성오산교육지원청 박진아 계장이 교육청과 시청의 예산을 실무적으로 풀어내면서 한 분 한 분의 마음에서 희망의 문이 열리기 시작하였다. 전문 강사가 부족한 문제는 동호인들의 자발적 교육을 통해 자격증을 받아 재능 기부 명예 강사로 해결하였는데, 이 과정에서 지금은 하늘로 떠난 권지상 선배님의 역할이 돋보였다. 처음엔 소극적이었던 곽상욱 시장님도 대세를 따랐고 무엇보다 구교열 교육장님의 추진력이 없었더라면 불가능했을 것이다. 오산의 수영 신화는 이렇게 2013년 1학기 초3 전체 학생 참여로 시작되었다. 오산의 초등학교 3학년 전체가 수업 시간에 필수적으로 수영 교육을 받음으로써 어느 누구도 상상하지 못했던 오산의 수영 신화의 역사가 본격적으로 쓰이게 되었다.

우리는 오산의 수영 신화를 전국적으로 확산시키기 위해 수영 콘퍼런스를 개최하기로 했다. 2013년 11월에 안민석 의원실 주최로 '제1회 수영 교육 콘퍼런스'가 개최되었다. 콘퍼런스는 실천가 그룹, 전문가 그룹, 자원봉사자 그룹이 함께함으로써 지역사회에 수영 교육의 당위성을 확산하고 저변을 확대하는 데에 크게 기여하였다. 주최자인 나는 동료 국회의원들과 시·도 교육감, 지방자치단체장들의 참여를 권장함으로써 수영 교육의 전국화를 위한 노력을 이어갔다.

오산에서 생존수영이 본격적으로 도입된 2013년에 나는 경기도 지자체장들을 찾아가 수영 전도사 역할을 열정적으로 했다. 내 말을 들은 대부분의 시장들은 고개를 갸우뚱하거나 회의적 반응이어서 실망이었다. 그런데 이재명 당시 성남시장께서는 즉석에서 동의하여, 오산에 이어 두 번째로 성남에서도 수영 수업이 시작되었다. 이재명 시장이 도지사를 거쳐 대통령까지 된 것은 그의 신속한 판단력과 과감한 추진력을 국민들이 높게 평가했기 때문이다.

생존수영을 즉석에서 결단한 이재명 성남시장, 2013.

세월호 참사가 발생한 2014년 2회 수영 콘퍼런스는 세월호 희생자들을 위한 묵념을 시작으로 엄숙하게 진행되었고 다시는 비참한 사고가 일어나지 않도록 결의한 마음을 모으는 슬

픈 행사가 되었다. 학생 안전 교육의 중요성과 제도 보완이 국가적 어젠다로 부상했던 2014년 이후 오산의 수영 교육은 더욱 주목을 받았고 오산의 외로운 투쟁이 국가적으로 인정받게 되는 계기가 되었다. 어쩌면 세월호 참사가 없었더라면 아직도 안전 교육과 생존수영에 대한 관심은 도외시되었을 것이다. 소 잃고 외양간 고친다는 말이 바로 우리의 안전 교육으로 나타난 현실이 부끄럽고 서글프기까지 했다.

2017년 5회 콘퍼런스에는 유아 수영이 등장했다. 2015년 봄비가 억수같이 내리던 날, 유치원을 오랫동안 운영해 온 이희석 원장님과 문미진 원장님, 김영희 의원과 함께 유아 수영을 실시하는 관악구에 위치한 은아유치원을 방문했다. 우리는 유아들이 유치원에서 수영 수업을 하는 감동적인 장면을 보고 오산에서도 유아들 대상으로 수영을 해 보자고 의기투합했다. 이미 초등학생 수영을 함께해 온 경험을 토대로 경륜 있는 유아교육 전문가들이 수영을 가르치겠다고 나서니 그리 어렵지 않았다. 특히 이희석 원장께서 시설공단 이사장으로 취임 후 유아 수영을 위한 프로그램과 시설 제공에 앞장서시고 직접 무지개 유아 수영을 지도하는 전도사가 되니 생존수영의 메카 오산에서 유아 수영을 전국 최초로 잘할 수 있었고, 경기도를 비롯한 전국 지자체에서 오산의 유아 수영을 벤치마킹 중에 있다. 초등학교

이전에 유아 단계에서 수영을 배우면 물에 빨리 적응하여 물에 대한 두려움을 없앨 뿐만 아니라 쉽게 배울 수 있는 장점이 있으니 생존수영을 유아부터 시작하도록 지원 정책이 필요하다. 무슨 교육이든 유아 단계의 교육이 가장 중요한데 특히 수영 교육은 더욱 그렇다.

2019년 7번째 생존수영 콘퍼런스가 열렸다. 박양우 문화체육관광부 장관을 비롯하여 관내 교장 선생님 학부모님 등 많은 분이 참석하여 인산인해를 이루었다. 안민석 의원실 보좌진들이 주도하던 초기 콘퍼런스와는 달리 이제는 교육청, 시청, 시설관리공단, 오산교육재단 관계자들끼리 열심히 준비하여 완벽한 행사를 치르는 모습이 자랑스러웠다. 학부모들의 자원봉사는 수영 콘퍼런스를 더욱 돋보이게 하는 행사의 꽃이었다. 아이들의 안전과 생명을 지키기 위해 오산에서 시작했던 수영이 나비효과로 국가 정책이 되어 전국에 확산되기까지 함께 헌신하신 모든 분께 감사드린다. 오산스포츠센터 수영장 관리 책임자였고 고인이 되신 이종상 이사장님과 무지개 유아 수영 전도사이신 전 이희석 시설관리공단 이사장님 그리고 명예 강사들을 이끌어주신 고 권지상 선배님께 특히 감사드린다.

2010년 가을, 지역의 한 선배의 공상 같은 제안으로 시작되어 우여곡절 끝에 오산에서 2012년부터 시작된 대한민국 생존수영이 벌써 10년이 넘었다. 2014년 세월호 참사 이후 안전 교육에 대한 국가 사회적 관심이 높아짐에 따라 오산의 수영 교육이 주목받기 시작했고, 그해 가을 수영 콘퍼런스에는 당시 황우여 교육부총리가 참석했는데 크게 감동을 받은 부총리께서 교육부가 오산을 벤치마킹하여 전국적으로 수영 교육을 확대하도록 지시했다. 이렇게 박근혜 정부에서 시작된 수영의 전국화는 문재인 정부에서 국가 교육 정책으로 채택되어 초등학교에서 의무화되었다.

2022년 기준, 오산시에는 수영장이 4개로 늘어나서 유치원생과 초등학생들이 무지개 수영과 생존수영을 하고 있다. 생존수영의 메카 오산은 노인들의 수영 참여율이 높아 시립수영장 앞길에는 수영장을 오가는 어르신들이 장사진을 이룬다. 오산의 노인 수영 참여율이 전국에서 으뜸일 듯하다. 오산은 명실공히 수영으로 안전하고 건강한 도시로 자리매김하게 되었다. 오산의 수영 신화는 오롯이 오산의 교육 주체들과 시민들 덕분이다. 존경하고 감사드린다.

하지만 생존수영 교육은 여전히 갈 길이 멀다. 전국의 모든 아이들이 오산 아이들처럼 좋은 환경과 시스템에서 충분한 혜택을 받길 희망한다. 일본의 학교 수영장 보유율이 90%에 이르는 것에 비해 우리나라 학교 중 수영장 보유 학교는 1.3%에 불과하다. 일본의 수영장은 전국 3만 개인 데 비해 우리는 800개에 불과하다. 학교에 수영장을 지어 학생의 수업도 진행하고, 아울러 지역 주민들에게도 개방하는 오산의 원동초 복합시설은 주민과 학교가 협력하는 좋은 대안이다.

인성 교육 전문가

통기타와 스포츠 클럽으로 풍성한 일상 영위하기

우리 교육은 삶과 성장을 위한 교육이 아니라 입시를 위한 교육이다. 우리나라의 교육열은 정확히 말하면 입시열이다. 경기도교육청 예산 23조 원 중 인성 교육 예산은 5억 원, 0.002%에 불과하니 인성은 도외시하는 현실을 나타낸다. 학부모들은 3安(안심, 안정, 안전)을 원하지만 학교나 학교 밖이나 늘 불안하다. 하지만 이 와중에서도 인성 교육을 포기할 수는 없다. 초선 시절 2007년 학부모 대상 설문조사에서 학부모들이 학업보다 인성에 더 관심이 많다는 사실에 놀랐다. 한국교육개발원이 실시한 최근의 여론조사에서도 대입 전형에서 성적보다 인성이 더 중요하게 평가돼야 한다고 생각하는 것으로 나타났다. 그런데 인성 교육은 책이나 말로 되는 것이 아니라 문예체 활동을 통해 공감 능력을 키우고 자존감을 향상시켜야 가능하다. 그래서 문예체 교육은 인성 교육의 목표를 위한 필수 과정이자 수단이라고 생각한다. AI 시대에 인성 교육을 아무리 강조해도 지나침이 없다. 학업과 인성 두 마리의 토끼 대신 AI와 인성 두 마리 토끼를 쫓는 시대가 되었다.

야만적 경쟁교육 속에서도 평생을 즐길 줄 아는 악기와 운동 하나쯤은 학교에서 가르쳐야 한다는 것이 나의 신조이다. 실제 일본, 유럽이나 미국 학생들과 우리 학생들의 가장 큰 차이를 꼽으라면 우리 학생들은 수업 마치고 사교육 현장으로 달려가는 반면, 일본이나 미국 학생들은 학교에서 스포츠, 음악 같은 다양한 방과후 활동을 한다는 점이다. 선진국에서 학생 스포츠 활동이나 오케스트라의 경험과 경력은 입시에 당연히 유리하게 반영된다. 프랑스 르 몽드지가 한국 교육을 관찰한 결과 '한국의 학생들이 세계에서 가장 불행한 아이들'이라는 지적을 했으며, 나는 이것을 부끄럽게 생각한다. 이재명 정부의 국정 과제에 문예체 교육 확대를 포함한 것은 다행한 일이다. 학교마다 오케스트라와 스포츠 클럽이 있는 것이 당연해질 것이다.

특히 AI 시대는 예체능 교육을 강화하여 창의력과 공감 능력을 길러야 한다. 디지털 과의존이 심화되면서 초중등 학생의 정서적 고립과 공감 능력 저하가 사회적 문제로 대두되고 있다. 사람 간의 직접적인 접촉과 상호 작용을 중시하는 문예체 활동으로 정서적 회복을 돕고, 공감 능력-소통 능력-사회 정서 역량을 함양하도록 지원하고 관심을 기울여야 한다. 윤석열로 상징되는 공부만 잘하는 속칭 엘리트들을 길러내는 교육 체제에서의 인재들은 공동체에 대한 관심을 갖기보다 오로지 자신의 영달과 탐욕으로 공동체를 파괴하거나 해롭게 한다. 이는 윤석열 계엄과 내란 척결 시기의 극우 파시스트 정치인, 관료, 판검사 들을 통해 여실히 보여주었다. 아이들은 음악과 운동을 통해 인성을 키우는데 입시 경쟁교육이 문예체 활동을 억압하고 있으니 공부만 할 줄 아는 이기적 엘리트를 생산하는 학교가 되었다. 수도권의 작은 도시 오산에서는 아이들의 인성 교육을 위해 악기와 스포츠 활동을 장려해 왔는데, 경기도를 비롯하여 전국으로 확산되기를 바란다. 학교마다 오케스트라와 스포츠 클럽이 있는 선진 외국처럼 우리도 할 수 있다. 대입에서 성적 말고도 예체능 활동을 적극 반영한다면 선진국형 학교 문화로 신나는 학교가 가능하다. 또 제주의 햇빛 오케스트라처럼 모든 지역 교육청마다 오케스트라를 운영하는 것은 지차체와 교육청이 벽깨기를 하면 어려운 일이 아니다. 나는 오산에서 물향기 엘 시스테마 오케스트라를 주도하여 창립하고 운영한 경험이 있다. 특히 오산의 통기타 교육과 스포츠 클럽의 사례는 전국 어디에서나 벽깨기를 통해 실천할 수 있다.

들꽃과 기타 1천 개의 선율이 만나다

세상은 꿈꾸는 사람이 만들어 간다. 나는 국회의원이 되기 이전부터 버들치와 반딧불이가 있는 맑은 오산천에서 아이들이 멱 감는 꿈을 가지고 '오산천 살리기' 환경운동을 하였고 국회의원 시절엔 이를 위해 지속적으로 노력하였다. 수질이 좋아져 수달이 살고 있는 오산천에 나는 또 하나의 꿈을 담았다. 오산천에 들꽃이 흐드러지게 피는 봄, 가을에 오산의 아이들이 연주하는 천 개의 통기타 선율과 어우러지는 오산천, 들꽃과 맑은 물소리, 통기타 선율의 조화 속에 아이들의 꿈이 영글어 가는 상상만 해도 가슴이 설렜다.

이 꿈을 실현하기 위하여 기타를 구입해야 하는데 비용이 만만치 않아 악기회사로부터 저렴하게 구입하거나 기증받을 수 있는 방법을 모색하였다. 그러던 중 세시봉 윤형주 선배가 오산천 행사에 통기타를 연주하러 오신 것을 계기로 이 일을 추진해 보기로 했다. 내가 정식으로 삼익악기 회장님을 만나서 제안하기로 했다. 간절하면 이루어진다고 했던가? 삼익 회장님이 마침 내가 대학 시절부터 모신 서울대 사회학과 임현진 교수님과 가까운 사실을 우연히 알게 되었고, 오산 출신으로 하버드대학에서 공부한 임현진 교수님의 수제자 공석기 박사도 삼익 회장님을 잘 안다는 사실을 알게 되었다. 이러한 인연으로 삼익악기 회장님을 뵈었을 때 우린 통기타 교육에 의기투합했고 삼익악기에서 통기타 천 대를 기부받아 2016년부터 오산시에 재학 중인 초등 6학년 전체 학생들에게 정규 수업 시간에 통기타 수업을 하는 기적을 만들었다. 통기타 수업은 학생, 학부모, 교사의 성원에 힘입어 2018년부터 초등 5학년도 실시하였다.

다음은 천 대의 통기타를 기부해 주신 서울대 총동창회장인 삼익악기 김종섭 회장의 글이다.

> 안민석 의원이 유학을 가기 전 임현진 교수에게 사회학을 배웠고, 안 의원이 교수 시절엔 임 교수와 공동으로 책을 쓴 각별한 사이라고만 했다. 임 교수는 대학 시절부터 나와 호형호제하는 사이라서 도와주겠다고 하며 전화를 끊었지만 한편으로 걱정이 되었다. 기업인 입장에서 야당 의원의 부탁을 들어주는 것이 부담되었기 때문이다. 도대체 안 의원이 악기회사 회장인 나에게 무슨 부탁을 하려는 걸까? 그러나 임 교수의 부탁인지라 일단 만나서 얘기부터 들어보기로 하고 무거운 마음으로 안민석 의원을 만났다.
>
> 다소 긴장하는 나에게 안 의원은 간절한 목소리로 "회장님, 저에게 한 가지 꿈이 있습니다." 하길래, 내가 "뭡니까?"라며 반문했다. 안 의원은 "오산의 아이들이 수달이 살고 있는 오산천에서 통기타 합주를 하는 꿈입니다. 1천 명의 학생들이 청명한 봄과 가을

에 오산천에서 기타를 연주하는 꿈입니다. 기타 1,000대가 필요하니 삼익악기에서 도와주십시오."라며 놀라운 요구를 했다.

처음 보는 기업인에게 무리한 요구였지만 나는 얼마나 흥분했는지 모른다. 내가 평생 간직한 꿈이었기 때문이다. 지난 시절 몇 군데 지자체와 교육청에 악기를 무상으로 제공하면서까지 악기 교육을 위해 노력했지만 번번이 허사였다. 그런데 3선 중진 국회의원이 도와달라며 나에게 간절히 부탁하니 오히려 고마운 생각이 들었다.

나는 즉시 "나도 그런 꿈을 꾸어 왔습니다. 안 의원의 꿈이 나의 꿈입니다, 도와드리겠습니다. 제 꿈을 오산에서 이루고 싶습니다. 그런데 어떻게 도와드리죠?"

"기타 1,000대를 오산 아이들을 위해 무상으로 기증해 주시면 회장님의 꿈을 이루어 드리겠습니다."

"네, 그렇게 하겠습니다. 제 꿈을 꼭 이루어 주십시오."

첫 만남에 안 의원과 나는 통기타로 의기투합하였다. 이듬해 나는 약속대로 오산시에 통기타를 기부했고 오산의 6학년 학생들 전원이 정규 수업에 통기타를 배웠다. 사람이 평생 즐길 수 있는 악기 하나쯤은 학교에서 가르쳐야 한다는 나의 평소 지론이 오산에서 제대로 실천되니 뿌듯했다. 또 인성 교육은 예술과 체육을 통해 이루어지므로 아이들은 통기타 수업을 하며 자존감을 높이고 협동심을 배울 수 있다. 통기타로 왕따 없는 교실이 만들어지고 교사도 아이들과 함께 배우니 사제지간의 정도 통기타를 통해 두터워진다. 갈수록 삭막해지는 교육 현장에서 통기타는 단순한 악기 기능 취득을 넘어 아이들과 아이들, 교사와 학생 사이에 소통의 수단으로 매우 효과적이다.

통기타는 다른 악기에 비해 배우기 쉬워 평생 즐기는 악기로서 최적이다. 악기 하나 제대로 다루지 못하는 대한민국 교육 현실을 누구나 인정하고 걱정하지만 아무도 해결하지 못했다. 역대 정부 대통령과 교육부 장관은 항상 교육을 고치겠다고 호언했지만 성공한 적이 없고, 교육은 갈수록 곪아가고 있다. 오산이라는 작은 도시에서 보여준 통기타 교육의 성공 사례는, 음악 교육이 타 도시에서도 얼마든지 가능하며 단지 상상을 현실로 만드는 열정과 능력에 달려 있다는 사실을 보여준다.

오산에서 6학년 통기타 수업의 성과가 분명하고 교사, 학생, 학부모의 요청으로 2018년부터 5학년도 통기타 수업을 했다. 오산의 모든 5, 6학년 학생들은 정규 수업 시간에 통기타를 배우고 있다. 얼마나 감격스러운가? 초등학교를 오산에서 다닌 모든 아이가 1인 1악기로 통기타를 칠 수 있다니! 내 꿈이 오산에서 이루어졌다. 안 의원을 포함하여 관계자 여러분께 감사드린다.

전국 최초로 오산에서 시작한 생존수영을 교육부가 전국적으로 확대했듯이, 오산에서 성공한 악기 교육을 교육부 정책으로 담아내길 여전히 소망한다. 우리나라 공교육이 주지 교과와 입시 교육에만 치중한 탓에 학생들의 문예체 교육이 소홀해진 뿌리 깊은 교육 문제를 한 정치인이 앞장서 대안적 실천을 하고 성공하였다. 그래서 나는 기업인 이전에 기성세대의 한 사람으로서 안민석 의원을 아끼고 사랑한다.

생존수영 창시자이자 전도사로 헌신한 안 의원의 역할로 생존수영이 교육부에 의해 전국 초등학교 정식 교과로 채택되어 실시하고 있듯, 지금은 통기타 교육의 창시자이자 전도사로 열심히 뛰고 있는 안 의원을 보며 참 특별한 정치인이라는 생각이 든다. 그는 생존수영 전도사 시절처럼 국정 감사장에서 오산 아이들의 통기타 수업을 소개하며 장관과 교육감들에게 정책 제안을 하였다. 동료 의원들에게도 권하고 있다. 말로는 누구나 찬동하지만 누구도 실천하지 않아 안 의원은 답답해하였다.

그런데 안민석 의원의 비전이 꿈틀거리기 시작했다. 전남 광양 구례 출신의 서동용 의원이 지역 주민과 교육장을 모시고 오산을 방문하여 통기타 수업을 접한 후 감동을 받아 올해부터 광양에서 통기타 교육을 시작하였다. 광양에서 오산까지 버스를 대절해서 찾을 만큼 통기타 교육에 대한 관심과 진정성이 느껴졌다. 통기타보다 인성 교육과 참교육에 대한 실천 의지였을 것이다. 안 의원의 소개로 서동용 의원을 함께 만났을 때 서 의원은 "오산처럼 하고 싶다."라고 했고 나도 쾌히 도와주겠다고 화답했다. 오산과 광양의 통기타 교육이 하루빨리 전국으로 확산되길 바란다. 안민석, 서동용 의원처럼 더 많은 정치인들이 아이들이 행복한 나라를 위해 열정과 헌신을 불태우길 기대한다.

최근에는 교육부 장관이 오산의 통기타 수업을 참관했다며 안 의원은 오산 아이들이 뿌린 통기타 수업의 민들레 홀씨가 수영처럼 전국으로 퍼지는 기대를 하고 있다. 안민석이라는 한 정치인의 노력으로 누구도 상상하지 못했던 생존수영을 아이들이 배우고 있듯이, 우리나라 모든 아이들이 통기타를 배우며 즐길 수 있길 소망한다.

2023. 11. 김종섭(삼익악기 회장, 서울대 총동창회장)

나는 김종섭 회장님을 존경한다. 우리 사회에 본이 되는 많은 어른 중에 아이들의 꿈과 끼를 위해 천 대의 기타를 기꺼이 기부한 김종섭 회장님은 노블레스 오블리주의 표본이다. 김종섭 회장님은 오산처럼 다른 지자체에도 기타를 기부하겠다고 하시고 나는 국정 감사에서 여러 번 오산의 통기타 수업을 소개했지만, 생존수영처럼 통기타 수업은 전국적으로 확산되지 못하고 있다. 말로만 인성 교육이 아니라 악기로 청소년들의 좋은 인성이 길러지도록 대한민국의 모든 아이가 공교육에서 악기 1개를 다룰 수 있도록 해야 한다. 생존수영처럼 경기도부터 시작하여 전국으로 확산되길 바란다. 대학 입학을 위한 무모하고 무용한 입시 교육에 매몰되어 아이들과 교사들, 학부모들을 불행하게 만드는 교육은 근본적으로 변해야 한다.

스포츠 클럽으로 건강, 인성, 스트레스 해소 3마리 토끼 잡기

WHO는 전 세계에서 한국 청소년 활동률을 해마다 최하위로 발표하였다. 초·재선 시절 7년간의 노력 끝에 2021년 학교스포츠클럽법이 제정되었다. 스포츠클럽법이 필요한 이유는 간단하다. 학생들의 스포츠 활동을 장려하기 위해서이다. 선진국처럼 누구나 즐겁게 뛰어놀 수 있도록 시설, 지도자, 프로그램을 지원하기 위해서이다. 청소년기 스포츠 활동을 통해 욕구를 분출하고 정신적 스트레스를 해소하도록 하는 제도적 뒷받침이 스포츠 클럽이다. WHO통계에 의하면 전 세계 청소년 중 한국 아이들의 신체 활동량이 가장 적다는 충격적 보고가 수차례 있었음에도 망국적인 교육 제도가 르몽드지 지적처럼 우리나라 학생들을 세계에서 가장 불행한 학생들로 만들고 있다. 혹자는 과거 오바마 대통령이 한국 교육의 우수성을 칭찬했다고 했는데 이것은 잘못 알려졌다. 오바마가 칭찬한 것은 한국의 교육 제도가 아니라 한국의 우수한 교사들과 교육열을 부러워한 것이다.

지난봄 경기도교육청은 미래 사회를 살아갈 학생들에게 가장 필요한 것은 무엇일까를 물었다. 1순위가 인성 교육이고, 학력은 2순위로 응답했다. 이는 놀랍지 않다. 20년 전 내가 초선 시절 오산시 학부모 대상으로 설문조사를 했을 때도 성적보다 인성 교육이 우선이라는 응답이 많았다. 앞으로도 교육에서 인성이 더 중요하다는 응답이 높을 것이다. 그런데 정작 학교에서 인성 교육이 제대로 이뤄지고 있다고 자신 있게 말할 수 있는 교사나 학부모는 거의 없다. 한국 교육은 길을 잃은 지 오래되었다.

플라톤 국가론은 교육이란 심신을 단련하는 것이라 했다. 요한 하위징아는 『호모 루덴스Homo Ludens』에서 건전한 신체 활동을 통해 심신의 조화를 이룬다고 했다. 어린 시절 뛰어놀고 운동하는 것은 교육의 본질적 활동이며 학교는 학생들에게 놀이 공간을 제공하고 충분한 시간을 마련해 주어야 한다. 아이 키우는 부모 입장에서 가장 큰 관심사는 건강하고 좋은 인성을 지닌 인간이 되는 방법이다. 아이들이 성장하는 동안 하는 운동은 건강에 좋을 뿐만 아니라 인내, 협동심, 리더십을 키우는 데도 도움이 된다. 하버드대학을 비롯한 아이비리그대학과 UC 버클리 등 미국 주립대학에서 신입생을 사정할 때 스포츠 활동 경력을 비중 있게 보는 이유는 성공한 졸업생의 특징이 스포츠 활동 경험을 지닌 것으로 밝혀졌기 때문이다. 그래서 선진국의 우수한 대학에 가려면 필수적으로 고교까지 스포츠 활동을 열심히 해야 하고, 반대로 운동을 하지 않은 학생이 좋은 대학에 선발되는 경우는 거의 없다.

반면 우리의 교육 체제는 공부만 잘하는 이기적 엘리트를 대학에서 선발한다. SKY 대학이나 의대에 입학하려면 공부만 잘하면 된다. 윤석열 같은 괴기한 엘리트들을 키운 것은 성적으로만 아이들을 줄 세워 선발하는 한국 교육의 책임이다. 한국의 교육과 입시 교육을 개혁하기 위해 서울대가 역할은커녕 경쟁교육의 일차적 책임이 있기에 서울대 폐지론까지 등장하는 현실이다. 공부만 잘하는 최상위 학생들을 진공청소기처럼 빨아들이는 서울대의 반성이 필요하다. 이들은 공동체에 대한 관심보다 경제적 성공과 자신의 출세가 우선인 이기적 엘리트들인데 나는 서울대가 나서서 입시 기준을 혁신해야 한다고 국정감사에서 여러 차례 서울대를 질책하였다.

운동은 뒷전이고 오로지 학업 성적만을 보고 엘리트를 선발하는 나라는 선진국에서는 사례가 없다. 한국의 교육이 선진화되려면 학교에서 방과후 활동을 적극 장려하고, 이러한 활동 경력을 대입에 반영하는 선진국형 입학 사정 제도를 도입해야 한다. 그렇지 않으면 윤석열 같은 수구 파시스트들이 지속적으로 탄생할 것이다. 이것이 국가가 스포츠 활동을 학교에서 장려해야 하는 이유이다.

나는 MB 시절 서울대 국정 감사에서 총장에게 서울대 법대와 의대에 운동부 출신 중 학업 능력이 있는 학생을 실험적으로 선발하기를 여러 차례 제안했고, 결국 입학사정관제를 통해 시도했지만 입학사정관제 자체가 실패하였다. 또 문재인 정부에서는 수시 전형을 축소하는 정책으로 선진국형 입시 제도는 점점 멀어져만 갔다. 그런데 UC 버클리에 있는 동안 미국 고등학생들의 스포츠 활동을 유심히 관찰하니 미국의 대입 제도는 고교에서 운동을 하지 않으면 대학을 갈 수 없을 만큼 고교 시절 스포츠 활동은 필수이다. 대부분의 공립 고등학교는 수영장을 비롯하여 넓은 잔디 운동장과 훌륭한 체육관을 보유하고 방과 후에 많은 학생들은 스포츠 클럽에 참여한다.

내가 미국에서 대학생들이나 학부모들을 만나면 항상 고교 시절 운동 경험 여부를 물었는데 운동을 하지 않은 경우는 단 한 명도 없었다. 수업 후 학원으로 향하는 우리 고교생들과는 대조적이다. 우리 학생의 입장에서 아무리 운동을 열심히 해도 대입과는 무관하니 운동에 소극적이고, 반면 미국은 입학 사정 시 스포츠 활동 이력을 비중 있게 평가하니 학생들은 열심히 스포츠 활동에 참여하는 것이다. 우리 청소년들의 신체 활동 시간이 전 세계 꼴찌 수준이라는 보고는 부모들이나 학생들 탓이라기보다 일차적으로 잘못된 교육 제도 특히 입시 제도의 탓이다.

일본은 부카쓰 활동(클럽 활동)이라는 방과후 활동을 통해 중학생의 80%, 고등학생의 60%가 수업을 마치고 야구, 축구, 유도, 배구 등 클럽 활동에 참여한다. 고시엔 고교 야구 대회에 참가하는 야구팀이 5천 개에 달하고, 여고 배구팀이 전국적으로 수천 개에 달한다. 물론 운동하는 학생 선수들이 수업에 참여하고 학습권을 보장받는 것은 이미 수십 년 전부터 사회적 합의가 되었다. 여전히 어린 운동선수들의 학습권을 침탈하려는 우리와는 대조적이다. 초중고 대부분의 학교에서 수영장을 보유하고 초등학교 1학년부터 고등학교까지 매년 수영을 의무적으로 배운다. 초등학교 6학년이 되면 보통의 일본 아이들은 접영을 기본적으로 할 만큼 수영 교육에 열중한다. 물론 운동부 활동은 미국만큼은 아니라도 대입 전형에 반영된다. 일본인들이 게이오대학과 와세다대학의 야구부 출신들을 최고의 엘리트로 인정하는 이유는 심신이 균형 있게 발달한 엘리트를 높게 평가하기 때문이다.

유럽은 모든 국가에서 스포츠 클럽을 제도화하고 있는데 운동을 원하는 청소년들은 누구든지 어디서나 원하는 운동을 할 수 있도록 시설과 지도자와 프로그램이 구비되어 지난 100년 동안 운영되고 있다. 스포츠 클럽에서 엘리트 선수가 배출되도록 모든 종목에서 연령별 리그가 실시되어, 요람에서 무덤까지 스포츠는 건강과 복지를 담당하는 중요한 사회 제도가 되어 왔다. 아직도 학생 선수의 인권이나 학습권보다 메달을 중시하는 우리의 현실이 부끄럽다. 특히 운동선수 학습권을 퇴행시킨 윤석열 정부의 정책은 시대착오적 퇴행으로 비판받아 마땅하다.

건강과 인성 두 마리 토끼를 잡는 학교 스포츠 클럽은 학생들이 학교에서 자발적으로 참여하여 정기적으로 스포츠를 즐기는 동아리 형태의 활동을 말한다. 학교 교육과정 속 정규 체육 수업과 달리, 방과후나 점심시간, 혹은 특정 시간에 모여서 운동을 즐긴다. 학교마다 프로그램을 만들어 운영하기도 하고, 학생들이 원하는 종목을 개설한다. 교육부와 시·도교육청 주관으로 학교 스포츠 클럽 대회를 매년 개최할 만큼 자리 잡았다. 앞으로 스포츠 클럽이 발전하면 클럽에서 엘리트 선수가 배출되고 선진국처럼 아이들이 공부하며 즐겁게 운동하므로 선수 인권이나 학습권 우려가 사라지게 될 것이다.

공부하는 학생 선수, 운동하는 일반 학생을 실천하는 성공적 모델이 오산시에서 영글어 가고 있다. 오산스포츠클럽은 정부 차원에서 인정 및 지원하는 지정형 종합 스포츠 클럽 중심의 최고 운영 모델을 구축하고 있다. 오산스포츠클럽은 취학 전 아동과 초등학교 저학년 중심의 체험형 스포츠 프로그램 운영, 초등학교 고학년과 중학교, 고등학교를 연계한 학생 선수 발굴 및 육성 시스템을 운영함으로써 이른바 운동만 하는 특기자 학생 선수가 얻지 못하는 스포츠 활동에 따른 인성과 사회성 함양, 스포츠 경기력 향상 효과를 동시에 얻고 있다. 이러한 생애주기형 학생 선수 운영체계는 학생으로서 갖추어야 하는 학습권 확보는 물론 최상의 경기력 향상과 대학 진학, 지역 이미지 창출 등에 크게 기여하고 있다. 이러한 성과는 최근 주요 전국대회에서의 계속되는 입상은 물론, 청소년 국가대표 선발(리듬체조, 배드민턴), 성인 국가대표 선발(리듬체조)로 이어졌으며, 국제 대회 입상의 소식까지 전해주고 있다. 합숙소에서 생활하지 않고도 공부와 함께 운동을 병행하는 선진형 사례이다.

한편 학생 시절 운동을 통한 신체적, 정신적, 사회적 건강과 행복 추구는 우리 사회가 제공해야 할 큰 의무이다. 방과후 또는 주말과 휴일에 이루어지고 있는 다양한 스포츠 종목별 학교 스포츠 클럽 운영은 일반 학생들의 스포츠 참여권을 보장하는 동시에 미래 사회의 리더로서 갖추어야 할 덕목과 사회 기술을 습득하는 데 큰 역할을 한다. 특히 오산스포츠클럽은 화성오산교육지원청과 오산시체육회가 함께 다양한 스포츠 종목과 대회 형태 등의 학교 스포츠 클럽 관련 사항을 지원함으로써 이른바 운동하는 일반 학생 선수들의 건강과 행복 추구에 기여하고 있다.

스포츠클럽법이 제정되고 시행된 지 10년이 지났고 스포츠 클럽은 학교의 문화와 제도로 자리 잡았다. 미국이나 일본에 비하면 학교의 시설이 열악하고 빈약하지만 학생들은 스포츠 클럽에서 배드민턴, 탁구, 농구, 네트볼, 티볼을 즐기며 학창 시절을 보낸다. 더 다양한 시설과 지도자, 프로그램이 필요하지만 스포츠 클럽은 앞으로 죽어가는 학교를 살리는 역할을 할 것이다. 부족한 인프라는 벽깨기를 통해 가능하다. 여전히 우리의 입시 제도는 스포츠 클럽 활동 경험을 전혀 반영하지 못하고 있다. 선진국 입시 제도는 고교 시절까지 스포츠나 오케스트라 등 다양한 활동을 반영하고, 특히 명문 대학을 진학하기 위해 스포츠 활동을 열심히 한다. 공부만 하는 엘리트는 높게 평가하지 않는 선진 입시 제도에 비해 우리는 SKY 대학과 의대, 약대 입학 지원자들에게 오로지 높은 성적만 요구한다.

학생들은 스스로와 경쟁하지 않고 친구와 경쟁하여 친구를 라이벌로 생각하는 야만적 경쟁교육의 정글에서 학교생활을 한다. 협동과 배려, 공동체에 대한 책임감보다 오로지 자신만을 생각하는 이기적 엘리트들이 대한민국을 이끌어 온 것이다. 학생들이 스포츠 클럽을 통해 친구들을 만나고 신체를 다지며 협동심과 리더십을 기르고 이를 입시에 반영하는 선진국형 제도를 눈여겨보고 교육을 바꾸어 대한민국의 희망을 만들어야 한다.

중학생들은 배드민턴을 가장 선호한다. 학생들이 배드민턴을 즐길 수 있도록 학교마다 다양한 클럽을 만들고 부족한 시설과 지도자는 지자체와 협회가 지원하는 시스템을 만들면 중학생들 가방마다 라켓을 넣고 다니는 건강하고 신선한 풍속도를 볼 수 있을 것이다.

경기도 지자체와 학교, 배드민턴협회가 벽을 깨면 실현 가능하고 남녀 학생들의 건강과 스트레스 해소에도 큰 도움이 될 것이다. 경기도배드민턴협회 모연모 회장께서 찬동했으니 학교와 지자체가 동의하면 가능하게 되었다. 학생들이 스포츠 활동을 많이 하도록 장려하는 것이 선진교육이고 경기도에서 선진교육의 모델을 만들어 전국으로 전파되길 소망한다.

경기도는 대한민국의 엔진이고, 5천만 국민들의 배터리이다. 경기도가 바뀌면 대한민국이 바뀌니 경기교육을 바꾸어 대한민국 교육과 미래를 바꿀 비전이 필요하다.

포용 교육 실천가

백혈병 소아암, 느린학습자, 시각장애 아이들의 언덕이 되어

한국의 특수교육은 주로 장애 학생에 대한 진단평가를 통해 적격성 여부를 판단하여 지원하는 방식으로 운영되고 있다. 장애 유형과 장애 정도 중심의 분류에 초점을 맞춰 지원하기 때문에 학생의 개별적 상황과 환경적 특성에 따른 맞춤형 지원을 고려하지 못하는 방식이다. 백혈병과 다년간 싸우는 아이들은 학교에 가지 못해 교육의 사각지대에 있고, 공식적 진단 기준에 해당되지 않는 경계선상에 있는 느린학습자 역시 적절한 지원을 받지 못하고 방치되고 있다. 장애아동, 느린학습자, 정서행동 위기 학생, 다문화 학생, 기초학력 미달 학생 등 집중 관리 아이들을 위해 더 많은 관심과 맞춤형 교육이 필요하다. 오산 운산초의 학교 안 대안교실은 교육의 본래 목적을 찾아가는 모범 사례로 경기도 전체 학교로 확대해야 한다. 내가 정치를 하면서 백혈병 환아들을 도와주고, 느린학습자들을 세상에 알리고, 시각장애 아이들을 위한 학교 설립을 도운 것은 신의 축복이라 생각한다.

백혈병 소아암 환아들 대학 보내기

나는 국회의원을 하면서 6년 동안 한국백혈병소아암협회장을 지냈다. 내가 정치인으로서 가장 잘했다고 자평하는 활동 중 하나이다. 견디기 힘든 항암 치료, 고통스러운 골수 이식 수술, 척수를 찌르는 굵은 주삿바늘의 공포를 느끼며, 끊임없이 떨어지는 수액의 방울방울을 세어보았을 아이들의 얼굴을 보는 건 참 힘든 일이었다. 돌아가고 싶은 학교생활, 늦어지는 학업으로 따라갈 수 없는 진도, 멀어지는 친구들과의 관계, 낙오되고 뒤처지는 사회성, 홀로 병상에 누워 눈물짓는 아이들의 모습을 바라보는 것만으로 가슴이 먹먹했다.

제때 학업을 이수하지 못한 아이들을 받아줄 대학은 한 군데도 없었다. 백혈병 소아암은 제대로 치료를 받게 되면 80%가 완치될 수 있음에도 불구하고, 학교에 다닐 수 있는 조건에 부합하지 않다는 이유로 입학을 거부당했다. 대학교수로 학생들을 가르치다가 정계로 입문한 30대 후반의 젊은 국회의원으로 평소 교육에 관심이 많았고, 국회의 교육위원회에 소속되어 교육 분야에서 의정 활동을 벌이고 있던 초선 시절, 세시봉 윤형주 선배의 권유로 한국백혈병소아암협회 이사로 참여하였다. 이후 나는 지난날 협회가 도저히 해결할 수 없었던 환아들의 교육 문제를 하나씩 해결해 나가기 시작했다.

먼저 장기간 학교에 가지 못하는 환아들을 위해 병원학교를 지원하고 만들었다. 병원으로 교사가 파견되어 일반 학생들의 진도에 맞추어 학업을 지속하도록 하여 완치 후에 낙오되지 않도록 하는 것이 목적이었다. 국정 감사 때마다 장관과 총장들께 국립대학병원에 병원학교를 운영하도록 설득하고 운영비 순위를 공개하니 병원장이 병원학교에 대해 관심을 갖고 지원하게 되었다. 처음에 한두 곳에 불과하던 병원학교가 지금은 대부분 국립대학병원뿐만 아니라 사립대병원에서도 운영되니 실로 많은 변화가 있었다. 교육위 붙박이 의원이 국감 때마다 병원학교를 주제로 총장과 병원장에게 질의하니 병원학교의 수와 질이 점점 나아져 갔다. 감사한 일이었다.

또 환아들이 병마와 싸우느라 제때 받지 못한 대학 교육의 기회를 마련해 주기 위해 여러 대학과 특례 입학을 추진했다. 2009년부터 앞장서 대학의 문을 두드리고 들어가 총장님들과 의논하고 설득하며 협약을 하나하나 일궈냈고, 사회로 첫발을 딛는 발판을 마련해 주는 데 최선을 다했다. 교육의 기회를 얻은 환아들은 낮아진 자존감을 회복하였을 뿐 아니라 삶의 활력도 얻었다. 서울대를 비롯하여 제주관광대에 이르기까지 전국 20개 대학에 백혈병 완치 학생들이 특별 전형으로 입학할 수 있었으니 투병하는 환아들에게 용기를 주어 완치율을 높이는 데도 기여했다. 대학 진학 후에도 학습 지도 도우미 결연, 멘토링 프로그램, 가족 상담 프로그램 운동, 조혈 모세포 기증 캠페인 실시 등 환아들을 위한 지속적인 건강 증진 프로그램을 대학 측과 함께 시행해 가며 결실을 맺었다. 선한 일을 하며 인연을 맺은 서울대 오연천 총장님, 제주관광대 김성규 총장님과 여전히 연락하고 지내고 있다.

나는 전체 이사들과 환아 부모들의 간절한 요청으로 한국백혈병소아암협회장을 연임하여 6년간 봉사했다. 국회의원이 협회장을 겸할 수 없는 겸직금지법이 2016년 실행되어 불가피하게 이중명 아난티 회장께 협회장을 인계하며 나는 눈물의 퇴임사를 하였다. 아이들의 생명을 살리는 일에 정치인이 도울 수 있는 기회를 얻은 것은 귀찮은 일이 아니라 감사하고 은혜로운 일이었다. 2014년까지 국립대학교 8개소, 사립대학교 12개소 총 20개의 대학과 MOU를 체결했고, 부단한 노력으로 완치된 환아들의 소원인 특례 입학 제도를 정착시키는 업적을 일궈냈다. 아이들의 생명을 살리는 일, 그리고 완치 아이들이 대학에 진학하는 도움을 줄 수 있는 일을 한 것은 정치인으로서 큰 보람이었다. 나를 소아암협회에 끌어들인 분들 중 개그맨 김형곤 선배는 일찍 세상을 떠났다. 세시봉 윤형주 선배가 나를 대중들에게 소개할 때마다 "백혈병 소아암 아이들의 대부"라며 치켜세워 주신다. 그러나 대학에 협약식 행사를 갈 때마다 동행해 주신 윤형주 선배님이야말로 나눔을 실천하는 존경할 만한 인생 선배이시고 휴머니스틱한 국민가수이다.

느린학습자를 세상 밖으로

초선 시절부터 해마다 여름이면 진행하던 오산 초중고 학부모 간담회를 코로나 때문에 할 수 없었다. 그러나 학부모들의 간곡한 요청에 따라 2022년 여름에 몇 학교 학부모 간담회를 진행했다. 그중 원일중 학부모들의 간담회 요청이 간절했다. 간담회는 여느 때처럼 활발한 소통과 토론이 오고 갔다. 내가 초선 시절부터 해마다 학부모 간담회를 해온 터라 지루하지 않고 발랄하고 활기찬 토론이 이어졌다. 그런데 한 학부모가 "의원님, 느린학습자를 아세요?"라며 도발성 질문을 던졌다. 그때까지 느린학습자, 즉 경계선 지능인이란 용어가 생소한 때여서 모른다고 하니 실망한 듯 내게 설명해 주었다. 그 순간부터 느린학습자는 내게 새로운 운명이 되었다. 느린학습자 학부모들과 만나고 아이들과 만나며 그들의 현실을 이해하였고 꼭 그들의 언덕이 돼야겠다고 다짐했다. 오산느린학습자부모회 민정숙 회장은 내가 느린학습자를 이해하고 공부하는 데 많은 도움을 주었다.

2022년 나는 교육부 국정 감사장에서 '느린학습자'를 최초로 공론화하였다. 장관과 교육감들께 '느린학습자를 아시나요?'로 시작되는 질의는 교육부와 시·도교육청에 느린학습자들에 대한 관심을 환기하기에 충분했다. 느린학습자라 불리는 경계선 지능 학생은 지능 검사 기준 IQ 71~84에 속하며 인지, 정서, 사회적 적응에 어려움을 겪고 있는 학생이다. 학습 속도가 느리고 사회성이 약해 어린이집이나 학원에서 입학을 거절당하는 일도 다반사다.

전문가들에 따르면 2022년 기준 아동 중 약 80만 명이 느린학습자인 것으로 추정되고 있다. 지능의 정규 분포에 의하면 전인구의 14%로까지 추정되는데, 교육부와 교육청, 교육 당국은 난독증 학생이나 느린학습자 구분 없이 '읽기 곤란자'로 통칭해 약 3천 3백 명 정도로만 파악하고 있다. 너무 오랜 시간 동안 느린학습자 문제는 공론화되지 않았고 2022년 국정 감사를 통해 교육부 장관, 교육감, 그리고 국회의원들에게 알려지게 되었다.

느린학습자를 조기에 발견하지 못하고 제때 학습 과정을 밟지 못하면 경제적 부담과 고통은 고스란히 느린학습자 당사자와 가족이 떠안아야 한다. 2022년 가을, 느린학습자 공론화 국회 토론회에서 학부모들은 눈물을 흘리며 지원을 호소했다.

2022년, 두 차례에 걸쳐 느린학습자 교육 지원 정책 국회 토론회를 개최했으니, 2022년은 느린학습자들이 세상 밖으로 나온 뜻깊은 해이다. 경계선 지능 외에도, ADHD, 우울증, 조울증, 게임 장애 문제를 겪는 학생이나 은둔형 외톨이 등 파악조차 되지 않아 교육·복지의 사각지대에 있는 300만여 명의 '위기학생'이 있다. 이들 '위기 학생'에게도 생애주기별 맞춤형 교육과 치유·재활과 복지가 제공되어야 한다. 나아가 사회 통합의 주인공이 될 수 있도록 법적·제도적 정책 개혁의 로드맵이 마련되어야 한다. 앞으로 '위기 학생'에게 필요한 더 좋은 정책을 위한 노력은 끝나지 않을 것이다.

2023년 12월 정기국회 마지막 날 내가 발의한 '느린학습자지원촉구결의안'이 통과되어 사각지대에 방치되었던 느린학습자에게 정부의 지원과 관심이 가는 첫발자국을 내디뎠다. 그러나 촉구결의안은 법과는 달리 강제성을 띠지 못하는 한계가 있다. 내가 6선에 불출마했을 때 가장 미안했던 분들이 느린학습자 부모들이었다. 이분들은 나와 힘을 모아 느린학습자를 위한 법을 만들기로 했지만 내가 22대 국회에 진입하지 못해 할 수 없게 되었다. 내가 정치를 떠나 미국에 있는 동안에도 가장 마음에 걸렸던 것이 느린학습자지원법을 만들지 못한 아쉬움이었다. 내가 대선 캠프에 합류하기 위해 급히 지난봄에 귀국해서 서울 시내 한 식당에서 느린학습자 부모들과 만났을 때 그들은 이미 전국적인 연대 모임을 결성했고 내게 고마움의 표시로 꽃다발을 선물했다. 내가 제안해서 자신들이 전국학부모연대를 만들었다며 감사를 표했다. 다행히 내가 없어도 22대 여야 국회의원들 7분이 앞다투어 느린학습자지원법을 발의했으니 감사하다. 느린학습자지원법이 조속히 통과되어 사각지대에 방치된 느린학습자들에게 교육적 권리뿐만 아니라 평생교육과 행복한 삶이 이루어지길 바란다.

나는 지난봄 경기도 고양시에 위치한 전국 유일의 느린학습자 대안학교 이루다학교를 방문하여 급식도 함께했다. 이루다학교는 학교에서 사각지대에 방치되거나 차별받은 학생들을 위해 기주현 교장이 10여 년 전에 시작한 대안학교이다. 그런데 학생 수가 150명에 이르는 이루다학교에 대한 정부의 지원이 없다는 사실에 말문이 막혔다. 국가와 사회와 학교의 특별한 관심과 지원이 필요한 느린학습자들을 방치하는 것은 국가가 책무를 방치하는 것이다. 느린학습자를 포함하여 공교육을 벗어나 있는 대한민국의 아이들에게도 지원이 이루어지는 것은 당연하다. 경기도에 있는 200여 개의 대안학교 학생 역시 소중한 우리 아이들이고 대안학교에 대한 관심과 지원은 마땅하다.

새빛학교, 경기 시각장애학교를 세우다

시각장애를 가진 아이들은 어디서 배울까? 경기도에 맹학교가 없는데 경기도 시각장애 아이들은 어떻게 할까? 백혈병 소아암 환아들과 느린학습자를 도운 것이 마치 운명이었듯 경기도에서 추진되는 시각장애학교도 운명처럼 다가왔다. 2022년 봄, 고명진 목사님께서 만나자고 연락이 왔다. 고명진 목사님은 오산침례교회 담임목사 시절 환경운동을 함께했던 인연으로 2000년 이후 특별한 관계를 유지해 왔다. 내가 교수를 하다가 2004년 17대 총선에 출마했을 때 조언과 격려를 아끼지 않으셨는데 내가 압도적으로 당선되는 데 큰 도움이 되었다. 그리고 정치하는 20년 동안 시련을 겪을 때마다 조언을 얻고 나를 위해 기도해 주신 감사한 목회자이시다. 지금은 내가 제안한 스프운동에 한국청소년단체협의회장 자격으로 열정적으로 참여하고 계신다.

고명진 목사님의 선한 뜻으로 설립한 용인에 있는 예닮학교로 찾아갔더니 뜻밖에도 고 목사님께서 나에게 경기맹학교를 함께 추진해 보자고 제안하셨다. 전국에서 학생 수가 많은 경기도에 맹학교가 없어 학생들과 학부모들이 어려움을 겪고 있고 서울로 이사를 가야한다고 말씀하셨다. 전국 학생의 1/3이 있는 경기도에 시각장애인 학교가 없다는 사실을 처음 알게 되었다. 파악해 보니 경기도에는 약 5만 4천 명의 시각장애인이 있으며, 학령기 학생도 천 명이 넘을 것으로 추산되었다. 그러나 전국적으로 15개의 맹학교가 운영 중인 반면, 경기도에는 단독 맹학교가 전무한 상황이다. 오랫동안 교육위원회 활동을 하면서도 정작 경기도 시각장애 학생들의 고초를 모르고 있었다니 부끄러웠다. 내가 마땅히 해야 할 소명을 목사님께서 주셨으니 난 성심을 다해 경기맹학교 설립을 위해 뛰기로 작정했다.

2023년 봄, 비가 억수로 오던 날 전라도 광주로 내려가 볼일을 마치고 광주의 맹학교를 방문했다. 일단 맹학교에 대해 스스로 공부가 필요했기 때문이다. 국회의원으로서 교육위원회에서 오랫동안 활동하며 나는 국내외 1,000개 이상 학교를 방문했지만, 늦게서야 맹학교를 처음 방문하였다. 시각장애 학생들이 교육을 받을 수 있도록 설립된 맹학교는 시각장애 학생들을 위해 점자, 음성 교재 등을 활용하여 교육한다. 점자 읽기와 쓰기, 보행 훈련과 생활 적응 훈련도 가르친다. 물론 국영수 같은 일반 과목과 직업 교육이나 재활 교육도 함께 진행한다. 과거에는 맹학교라고 불렀지만, 요즘은 시각장애학교 또는 시각장애 특수학교라는 표현을 더 많이 쓴다.

광주 맹학교 방문 이후 2023년 7월 국회에서 〈경기도형 시각장애 특수학교(맹학교) 설립을 위한 토론회〉를 열었고 시각장애 학생들이 다니고 있는 수원의 특수학교 아름학교도 방문했다. 시각장애인과 다른 장애를 가진 이들을 함께 모아 운영하는 아름학교는 양쪽이 모두 불편해했고 불만을 표했다. 늦었지만 내가 앞을 보지 못하는 아이들을 위해 팔을 걷어붙일 수 있는 기회를 얻어 다행이라고 생각했다. 경기맹학교 설립을 위해 고명진 목사님과 함께 노력한 분이 동두천 출신의 경기도의회 이인규 의원님이다. 교장 출신의 이인규 의원님은 교육에 대한 열정이 강하고 특히 장애아들의 교육에 대한 애정이 각별했다.

이인규 의원님은 경기도에 시각장애 특수학교가 없는 현실을 심각하게 인식하여, 본회의에서 5분 자유발언을 통해 경기도에 단독 맹학교 설립의 필요성을 강력히 제기했다. 이후 이인규 의원님은 특수교육 학부모님들과의 간담회, 경기도교육청 간담회를 지속적으로 추진하며, 시각장애 특수학교 설립의 필요성을 강조하고 설립 추진을 위해 경기도청과 교육청이 공감대를 갖도록 했다.

2023년 가을 결국 경기도와 교육청도 경기도 최초의 단독 맹학교 설립에 동의하게 되었고, 접근성이 중요한 시각장애인 학생들의 특성을 고려하여, 수원 망포역 인근 영동중학교 이전 부지에 맹학교를 설립하는 것으로 확정되었다. 이로써 경기도 최초의 공립 시각장애 특수학교인 '새빛학교'가 추진되었으며, 2027년 3월 개교를 목표로 설립이 진행 중이다. 함께해 주신 교육공동체 관계자들께 감사드린다.

맹학교에 대한 정보 부족과 오해 때문에 초반에는 선정된 부지 인근 주민들의 반대가 상당히 컸지만 주민들이 우려하는 문제를 해소하고 설득하기 위해, 맹학교가 단순한 특수학교가 아니라 지역사회와 함께 활용할 수 있는 '복합 공간'으로 조성될 것이라는 점을 부각시켜 주민들의 동의를 얻었다. 특히, 맹학교 부지 내에 수영장과 체육 시설을 포함한 지역 주민 공동 이용 공간을 함께 조성하는 계획을 마련하며, 지역사회와의 상생 방안을 적극적으로 제시했다. 이러한 노력을 통해 주민들의 이해와 협조를 이끌어냈고, 결국 새빛학교 설립이 본격적으로 추진될 수 있도록 합의점을 찾을 수 있었다. 정치인의 열정과 영향력 있는 성직자의 헌신으로 경기도 시각장애학교가 2027년에 개교하게 될 것이다. 나에게 선한 일에 동참할 기회를 주신 고명진 목사님과 함께 노력한 이인규 의원님께 감사의 말씀을 드린다.

Youth Smartphone-Free Movement

청소년 스프운동 창시자

스마트폰으로부터 청소년의 건강한 뇌 지키기

버클리에 왔다. UC 버클리 방문 학자로 허가를 받았지만, 윤석열 대통령의 계엄으로 한국을 떠나는 것을 주저하다가 윤석열 대통령이 탄핵되는 것을 보고서야 버클리로 향했다. 서울대 10개 만들기의 모델인 UC 계열 10개 대학 연구를 포함하여 미국의 교육 시스템을 체계적으로 접할 기회가 주어졌다. 그런데 캘리포니아주의 초중고를 방문했더니 학생들이 학교에서 핸드폰을 사용하는 것을 금지하고 있었다. 올해 초 주지사가 행정 명령권을 발동하였다는 것이다. 놀라웠다. 스마트폰을 발명하고 이미 작고한 스티브 잡스는 자신의 자녀들에게 스마트폰을 사주지 않았고, 실리콘밸리에 있는 대다수 고교에서 스마트폰과 소셜 미디어를 엄격히 통제하고 있었다. 미국은 스마트폰 사용이 청소년들에게 치명적인 피해를 주고 특히 아동기 뇌 발달에 손상을 준다는 사실을 10년 전에 다양한 연구를 통해 알게 된 후 사회적 공론화가 활발히 이루어졌다. 지난해부터 플로리다주를 시작으로 학교 스마트폰 금지법이 급속히 확산되어 현재 40개의 주가 학교에서 스마트폰 사용을 금지하거나 엄격히 통제하고 있다.

UC 버클리 한국학연구소장 안진수 교수께 선물을 받은 조너선 하이트의 『The Anxious Generation』을 밤새워 읽으며 스마트폰에 관대한 한국의 학교와 가정이 걱정되었다. 하이트 교수는 스마트폰과 SNS로 아이들 뇌를 망가뜨리는 어른들의 직무유기를 고발한다. Z세대의 가장 큰 문제점은 현실 세계의 과잉보호와 가상 세계의 과소보호로 인해 스마트폰과 SNS에 무방비로 된다는 것이다. 그 결과 우리 아이들의 정신 건강을 위기로 몰아넣어 뇌가 망가지고 있다고 했다. 이 문제를 해결하기 위한 대안으로 중학생까지 스마트폰 사용 금지와 16세 전까지 소셜 미디어 사용 금지를 주장하며, 학교에서 스마트폰 사용을 금지해야 한다고 했다. 놀라운 것은 이 책이 아마존 베스트셀러 1위가 되면서 전 세계를 뒤흔든 2024년 최고의 문제작이었다는 점이다. 『The Anxious Generation』은 2024년 여름 우리나라에서 『불안 세대』로 번역된 후 18쇄를 기록할 만큼 베스트셀러가 되었다. 이주호 교육부 장관이 퇴임 선물로 교육부 직원들에게 나누어 준 책으로 화제가 되기도 했다. 인권을 중시하는 미국이나 유럽 국가에서 수년 전부터 청소년 스마트폰 사용 문제를 개인이나 가정의 문제로 보지 않고 국가가 제도적으로 대책을 마련하는 추세임을 알게 되었다. 인권을 중시하는 프랑스는 2018년에 학교 스마트폰 금지법을 제정했다는 사실도 알게 되었고, 다수의 유럽 복지국가들도 비슷한 경향이다. 버클리에 간 의미 있는 성과였다.

한국의 정치 상황이 위기에 처하고 빛의 혁명을 버클리에서 보도를 통해 접하니 마음이 답답하여 3월에 잠시 귀국하였다. 오산에서 그동안 오산교육 발전을 함께 실천해 온 나의 교육 멘토 고승안 오산고 교장, 이건 세마고 교장, 조기봉 오산교육재단 상임이사 등 교육계 인사와 학부모 몇 분과 식사하는 자리에서 청소년 스마트폰 문제를 얘기하니 모두가 공감하였다. 우리는 그 자리에서 함께 힘을 모아 스프운동Smartphone-Free Movement 단체를 만들기로 했다. 이것이 발단이 되어 지난 6월 경기도교육청에서 천 명에 가까운 분들이 참석한 〈청소년 스마트폰 프리 운동본부〉 출범식을 가졌다. 김상곤 전 교육부총리를 비롯한 고명진 목사, 채수일 총장, 김누리 교수, 황현필 강사, 이범 교육평론가 등 저명인사들과 교육계 인사, 22개 단체가 운동본부에 참여하였다.

스프 운동본부 출범식, 2025. 6. 19.

폰 off 북 open!

선진국에 비해 늦었지만 이제라도 공론화해야 한다. 교육 당국이 손 놓고 있으니 뜻을 함께하는 분들과 스프운동에 나섰다. 이제라도 교육부와 교육청에서도 관심과 대책이 필요하고 '표준학칙'과 '학교운영지침'을 수립하여 학교의 혼란과 갈등을 해소해야 한다. 또한 단순 규제에 그치지 않고, 스마트기기 문제 해결을 위한 디지털 리터러시 교육이 필요하다. 학생들 스스로 스마트폰과 거리를 두고 자유로울 수 있도록 부모님들과 교사들의 협력이 필요하다.

스마트폰은 청소년의 신체 일부가 되었으니 누구도 나서서 목소리를 내지 못하는 현실이다. 그럼에도 스마트폰이 청소년에게 정서적, 심리적, 육체적으로 미치는 폐해를 알리고 대책을 세우기 위한 운동의 깃발을 올린 것은 용기 있는 일이다. 특히 스프운동은 교육의 본질을 회복하는 운동이라는 점에서 교육적 의미가 매우 크다. 스마트폰에 중독되면 책을 멀리하고 사회성이 떨어지고 신체 활동을 회피하니 교육다운 교육이 제대로 될 수 없다. 스마트폰의 문제는 단순히 개인이나 가정의 문제가 아니라 국가와 사회적 문제이므로 미국, 영국, 프랑스, 호주, 핀란드 등 대부분 선진 국가는 제도적으로 대책을 마련하여 시행하고 있다. 가령 미국 캘리포니아주 초중고는 학교에서 스마트폰 사용을 전면 금지하고 있다. 덴마크 총리는 "우리는 괴물을 풀어놓았다."라며 15세 미만 SNS 금지를 추진하고 있다. 늦었지만 우리도 청소년들을 보호하기 위해 어른들이 나설 때가 되었다. 이제 청소년 스마트폰 문제를 공론화하는 역사적 운동이 시작된 것이다. 성성지화 가이요원星星之火 可以燎原! 한 알의 불씨가 광야를 불사르듯 스프운동으로 청소년들과 부모들이 AI 시대 스마트폰에 종속당하지 않고 스마트폰을 조종하는 문화를 만들어 가길 바라는 심정을 모아 우리는 운동본부를 결성했다.

출범식 날 '스마트폰 없이 나로부터 시작하는 공부'를 주제로 특별강연을 한 서울의대 1학년 김유진 학생은 2025년 서울대 의대 수석 입학생인데, 스마트폰을 수능 시험까지 구입하지 않았으며 초중고 동안 책을 열심히 읽은 일반고 출신이었다. 참석한 학부모들은 크게 충격을 받았고, 스마트폰이 아이의 뇌와 정서 발달 그리고 가족과 사회관계 형성에 심각한 영향을 준다는 사실을 알게 되었다. 청소년 스마트폰 과의존은 개인과 가족을 넘어 국가적 문제가 되었으니 교육문화운동을 통해서만 실마리를 풀 수 있는 단계에 이르렀다. 청소년 스마트폰의 심각성을 교사들과 학부모들이 앞장서 대책을 마련하고, 정치인들이 지원하는 민관정이 연대하는 새로운 교육문화운동을 전개한다면 아무도 엄두 내지 못한 일을 풀어 갈 수 있을 것이다.

스프운동본부를 함께 준비하면서 교사들과 학부모들이 가장 걱정했던 것이 학생 인권과의 충돌 우려였다. 2014년 국가인권위원회에서 교사가 학생 휴대전화를 수거하는 것은 학생 인권 침해라는 결정을 내렸기 때문이다. 학교에서 스마트폰 금지를 법으로 시행하는 선진 외국에 비해 우리는 여전히 학생 인권과 스마트폰 수거 사이에 갈등이 있었다. 그런데 지난해 4월 28일 국가인권위원회는 학교 휴대전화 수거가 학생 인권 침해에 해당되지 않는다는 결정문을 공개적으로 발표한 것이다. 2014년 국가인권위원회의 결정을 11년 만인 2025년 국가인권위원회가 스스로 번복하여 스프운동에 날개를 달게 되었다. 스프운동의 가장 큰 걸림돌을 국가가 제거한 것은 실로 놀라운 일이었다.

6월 스프운동본부 출범 이후 경기 북부와 강원 본부, 서울 본부 등 스프운동은 전국적으로 확산되는 추세이다. 경기 북부의 경우 어린이집 원장들을 비롯한 정성호 의원, 박윤국 전 포천시장, 안병용 전 의정부시장님 같은 정치 지도자들이 함께 참여하여 힘을 실어 주셨다. 또 평택, 수원, 화성, 안양, 고양, 하남, 성남, 김포 등 경기도에서 뜻있는 분들이 모여 스프운동 지역 본부를 만들었는데 나라의 미래와 아이들의 행복을 위해 어른들이 나서는 모습이 아름답다. 나와 스마트폰 없이 서울의대에 수석 입학한 김유진, 나의 교육 멘토 이건 전 세마고 교장 선생님, 2018년 스마트폰 없는 학교를 실험한 이준원 전 덕양중 교장 선생님은 전국을 다니며 강연했다. 지난여름 평택 은혜고에서 스프운동 특강하러 갔다가 참석한 고1 학생 전원에게 스마트폰 소지를 물었더니 단 1명만 소지하지 않았다. 어른들은 스마트폰의 노예가 되고 있고 청소년들에게 스마트폰은 신체의 일부가 되었다. 아기를 달래기 위해 스마트폰을 보여주고, 젊은 부부들은 자신들의 시간을 갖기 위해 자녀의 손에 스마트폰을 자연스레 쥐어 주는 세태가 되었다. 스마트폰이 없는 학생은 왕따의 대상이 되었다. 청소년 스마트폰 소지율 세계 1위, 챗GPT 사용률 세계 2위 국가에서 기성세대와 학부모들이 스프 운동에 관심을 갖고 참여하는 것은 늦었지만 당연한 일이다.

한편 스프운동본부 출범 이후 국회의 발걸음도 빨라졌다. 국민의힘 조정훈 교육위 간사가 2024년 발의한 고교까지 스마트폰 금지 법안을 국회 교육위원회는 절충하여 수업 시간에 스마트폰을 금지하는 법안을 통과시켰다. 청소년 스마트폰 피해에 대한 공론화가 막 시작하는 단계에서 국회가 동조하여 첫걸음을 뗀 것은 의미가 크다. 지금까지 학교 재량에 따라 관리하는 스마트폰 수거에 국회가 힘을 실어 준 것이다. 물론 가장 바람직한 방식은 화성 삼괴고처럼 학생들 스스로가 학생자치회를 통해 토론하고 자율 수거를 결정하고 허용 범위도 자율 결정하도록 하는 것이 가장 교육적이다. 금지보다는 자율 관리가 훨씬 교육적이다. 숙의 과정을 통해 사회적 공론화가 이루어지고 사회적 합의를 도출하는 것이 보다 민주적이고 합리적 절차이지만 국회에서 제정한 법과 자율성이 조화를 이룬다면 효율적인 운영이 될 것으로 기대한다.

청소년 스마트폰 사용에 대한 우리나라의 대응은 해외에 비하면 한참 늦은 상황이다. 스마트폰 없는 학교Smartphone-Free School는 선진국을 중심으로 논란의 여지 없이 대세가 되고 있다. 예컨대, 프랑스는 2018년부터 15세 이하 어린이의 교내 스마트폰 사용 금지를 법으로 제정하여 청소년을 스마트폰으로부터 보호하고 있다. 미국도 같은 맥락에서 현재 40여 개 주에서 교내 스마트폰 사용 금지 관련 법률을 시행하고 있으며, 네덜란드도 중·고등학생을 대상으로 교내 스마트폰 사용을 금지하였다. 우리와 지리적으로 가까운 중국과 일본도 마찬가지이다. 중국은 2021년 '부모 동의 없는 스마트폰의 사용 금지'를 교육부 차원에서 추진하였으며, 일본도 교내 반입 자체가 금지되었지만 2020년 이후에는 교내 사용을 제한하고 있다. 이 밖에 2022년 기준으로 전 세계 6개국 중 1개 국가는 법이나 정책으로 청소년의 교내 스마트폰 사용을 금지하고 있는 실정이다.

대한민국 스프운동의 창시자로서 청소년들을 스마트폰으로부터 보호하는 스프운동을 평생 해야겠다고 다짐한다. 스프운동은 스마트폰을 금지하는 것이 아니라 스마트폰으로부터 청소년을 자유롭게 하는 운동이다. 캠페인, 강연, 법 제정부터 청소년문화운동까지 뜻을 함께하는 모든 분의 응원과 참여를 기대한다. 청소년들의 스마트폰 중독을 우려하기에 앞서 가정에서 부모가 솔선하여 스마트폰을 절제하는 노력이 필요하다. 과거 자녀 교육을 위해 가정에 TV를 없앴듯이 자녀의 올바른 성장을 바라는 부모라면 중학교까지 기다리거나, 가정에서 스마트폰을 안 보도록 노력해야 한다. 특히 스프운동이 확산되어 초등학생들까지 스마트폰 사용에 대한 심각한 문제 인식이 확산되길 바란다. 기업도 건강한 공동체와 아이들의 건강과 행복을 위해 교육용 폰을 개발한다면 세계적으로 히트 상품이 될 것이다. 교육용 폰에는 위치 추적 기능과 안전 벨 기능을 꼭 추가하면 애용될 것이다.

스마트폰 대신에 청소년들이 더 뛰어놀고 다양한 프로그램을 체험하도록 하는 정책적 노력이 필요하다. 공유학교를 잘 활용하고 확대하는 것도 대안 중 하나이다. 경기도의 몽실학교를 벤치마킹해서 인천의 은하수학교, 광주의 삶디, 군산의 자몽학교, 경남의 행복마을학교가 세워졌는데 경기도의 임태희 교육감은 전임 교육감의 흔적 지우기를 위해 몽실학교를 공유학교로 변경하였다. 의정부 공유학교의 전신인 몽실학교는 최경자 전 시의회 의장님과 김현주 교장 선생님 두 분의 헌신이 있었기에 가능했다. 지난여름 의정부시의 공유학교를 방문한 적이 있는데 학교와 지역의 시설을 최대한 활용하여 청소년들이 쉬고 만나는 공간과 프로그램을 제공하고 있었다. 2011년 핀란드 교육을 탐방했을 때 학생 누구나 원하는 활동을 누리도록 배려하는 교육 환경이 부러웠는데 교육청과 지자체의 벽을 깨고 어쩌면 전국 최고의 벽깨기로 공유학교를 운영 중인 의정부 사례를 전국적으로 벤치마킹하면 폰 프리 이후의 대안을 지역 공동체와 함께 만들 수 있을 것이다.

스마트폰에 종속당할 것인지 스마트폰을 조종할 것인지가 AI 시대를 살아가는 청소년들이나 어른들의 글로벌 화두가 되었다. 스마트폰을 부모가 사주는 순간 후회하고, 안 사주면 자녀와 갈등이 생긴다. 그러나 자녀에게 스마트폰을 잘 활용하도록 교육한 사례가 있다. 시카고에서 한국인 엄마가 중학교 다니는 딸에게 스마트폰을 사주며 맺은 계약서가 교육적으로 시사하는 바가 크다. 당사자의 동의를 얻어 사용계약서를 소개한다.

아이폰 사용계약서

1. 이 아이폰은 엄마가 샀고, 엄마가 이용 금액을 내고 있으니까 이 아이폰은 엄격하게 말하자면 엄마 거란다.

2. 엄마는 언제나 네 전화기의 암호를 알아야 한단다.

3. 전화가 울리면 전화를 받는데, "여보세요?"로 시작해서 이름을 말하고 예의 있게 대화를 이어나가야 한단다.

4. 밤 7시 30분부터 다음 날 아침 7시 30분까지 엄마에게 폰을 맡겨야 하고 밤사이에는 전화를 꺼놓아야 한단다.

5. 전화기는 학교에 가져가지 않고 집에 놔누고 다닐 거야. 만약 특별한 경우엔 엄마와 상의해서 전화기를 갖고 갈 수 있는지 의논해 보자.

6. 만약 뛰어놀다 전화기가 부서지거나 고장 났을 경우, 또는 잃어버렸을 경우 인아가 수리비나 새로 구입하는 비용을 전적으로 책임져야 한단다.

7. 전화기를 거짓말하거나 놀리거나 다른 친구들을 마음 상하게 하는 용도로 사용하면 안 된단다.

8. 모르는 사람에게 전화, 문자, 이메일을 보내면 안 돼요.

9. 애플 스토어의 게임이나 앱을 마음대로 다운받지 말고 엄마와 먼저 의논하세요.

10. 포르노는 안 돼요. 사춘기나 몸의 변화에 궁금한 내용이 있으면 엄마나 아빠에게 의논하세요.

11. 공공장소에선 전화기를 진동모드로 바꾸고 눈에 보이지 않는 곳에 넣어두세요.

12. 인아 자신의 프라이빗 파트나 다른 사람의 프라이빗한 사진을 절대로 찍어 보내거나 받지 마세요.

13. 너무 많은 사진과 비디오를 찍지 마세요. 모든 순간을 다 기록해 둘 필요는 없어요. 인아의 눈으로, 마음으로 기억하세요.

14. 전화기를 가끔은 꺼두고 세상과 자연과 소통하세요. 전화기는 친구들과 24시간 연결되어야만 살 수 있는 인아의 산소호흡기가 아니랍니다.

15. 친구들이 듣는다고 유행하는 곡만 다운받지 말고 다양한 장르의 음악을 감상하려고 하세요.

16. 전화기는 게임기가 아니에요. 스마트하게 이용할 수 있는 방법을 생각해 보세요.

17. 만약 약속을 지키지 못하면 전화기를 엄마에게 돌려줘야 합니다. 같이 앉아서 왜 그렇게 되었는지 이야기도 하고 문제가 발생하면 함께 해결해요.

"사랑하는 우리 인아. 아이폰 잘 사용하고 늘 함께 배워가자. 앞으로 인아에게 전화하고 문자 받을 생각하니 기대가 된다. 사랑해."

3부

교육을 바꿔야 학교가 산다

AI 기술을 넘어 사람을 위한 교육으로

AI는 이미 우리 일상 깊숙이 들어와 있다. 학생들은 유튜브·SNS·챗봇 등을 통해 무의식적으로 AI와 상호 작용하며 성장하고 있다. 그러나 정작 학교는 여전히 교과서와 시험 위주의 수업 구조 속에 머무른 경향이 있다. AI 교육의 핵심 과제는 단순히 코딩을 가르치거나 AI 도구를 사용하는 차원을 넘어, AI가 사회와 인간 삶에 어떤 의미를 가지는지 성찰하고, 이를 바탕으로 사고하고 협력할 수 있는 힘을 기르는 것이다.

윤석열 정부의 AI 디지털 교과서 도입 정책은 AI의 교육적 개념과 범주를 오용하여 무분별하게 추진되었고, 이는 교육 현장과 학부모들에게 혼란을 가중시켰다. 결과적으로 AI 교육은 디지털 기기나 소프트웨어를 단순히 사용하는 교육이라는 오해만 남기고 무산되었다. 현재 학교 현장에서는 "AI 교육이 새로운 과목인가, 아니면 기존 교과의 보조적 도구인가."라는 논의가 한창이다. 그러나 진정한 AI 교육은 특정 기술을 배우는 것이 아니라, AI를 이해하고 활용하며 동시에 비판적으로 사고할 수 있는 역량을 길러내는 과정이어야 한다. 기술은 수단일 뿐, 교육의 중심에는 언제나 학생과 교사가 있어야 한다고 생각한다.

비판적 사고와 AI 시대의 교육 패러다임 전환

AI는 엄청난 정보를 빠르게 제공하지만, 동시에 편향과 오류를 포함할 수 있다. 학생들이 이를 무비판적으로 받아들이면 오히려 사고력은 약화될 수 있다. 따라서 AI 교육은 사실을 검증하는 힘, 정보의 출처를 따지는 습관, AI의 한계를 성찰하는 눈을 길러주는 교육이 되어야 한다. 이는 단순한 지식 습득이 아니라, 미래 사회에서 민주적 시민으로 살아가기 위한 필수 역량이다.

경기교육은 'AI 기술자'가 아닌 'AI 시대의 시민'을 양성해야 한다. 그러기 위해서는 AI를 어떻게 활용할지 고민하고, AI가 내놓은 답이 옳은지 따져보고, AI와 함께 생각하고, 결과물을 심도 있게 논의할 수 있는 역량을 기르는 것이 더 중요하다. 과거처럼 주어진 문제를 빠르게 풀고 정답을 맞히는 교육으로는 AI 시대의 인재를 길러낼 수 없다. 미래 사회에서 학생들은 각자의 분야에서 발생하는 복잡한 문제를 AI와 함께 탐구하고 해결해야 한다. 문제는 더 정교해지고, 해결 방법 역시 정교해진다.

이를 위해 교육과정 전반에서 AI 프로젝트 기반 학습Project-Based Learning과 같은 학습 방법을 강화해야 한다. 학생이 문제를 발견하고, 해결책을 설계하며, AI를 활용해 결과물을 만들어 가는 전 과정을 경험하게 하는 것이다. 예를 들어, 환경 문제, 기후 문제, 지역사회 문제, 나아가 세계적 난제를 AI와 함께 탐구하고 해결안을 제시하는 수업 구조가 필요하다. 이러한 경험은 단순한 기술 활용 능력을 넘어 창의적 문제 해결력과 시민적 책임 의식을 동시에 기를 수 있다.

여기에 더해, 경기교육은 국가 수준 교육과정을 넘어서는 '경기형 AI 교육과정'을 개발·확충해야 한다. 이는 기존 개별 교과 중심 학습에 국한되지 않고, 융합형 프로젝트를 중심으로 교과 간 장벽을 허물어내는 구조로 설계되어야 한다. 예컨대 과학·수학·사회·윤리 과목을 연결하여 'AI와 환경 위기 해결', 'AI와 민주주의', 'AI와 지역 경제 혁신' 같은 프로젝트형 과정을 운영할 수 있다. 이러한 시도는 지역 대학·기업·연구소와 연계하여, 학생들이 실제 사회 문제를 탐구하고 AI를 통해 해결책을 만들어 내는 경험으로 이어져야 할 것이다.

또한 학교별 유연한 교육과정 정책이 뒷받침되어야 한다. 획

일적 교육과정만으로는 학생의 다양성을 살리기 어렵다. 안성의 '신나는학교'처럼 학교 단위에서 자체적으로 운영하는 맞춤형 교육과정 모델을 확산해, 각 학교의 특성과 여건에 맞는 학교 맞춤형 AI 리터러시 교육과정 사례를 만들어 내면 바람직하다. 어떤 학교는 AI와 예술을 결합한 창작 프로젝트를, 다른 학교는 농업·환경과 연계된 데이터 분석 프로젝트를 운영하는 식으로 다양화하는 것이다. 이를 통해 AI 교육은 교실을 넘어 지역사회와 맞닿은 살아 있는 교육으로 발전할 수 있다.

경기교육의 책임과 제도적 기반 마련

AI 교육은 개별 학교의 자발적 노력만으로는 실현될 수 없다. 중국 저장대학교가 있는 절강성浙江省의 AI 교육 정책은 대표적인 사례이다. 절강성은 지방정부 차원에서 AI 교육을 단순한 기술 교육이 아니라 과학 연구·산업·교육을 아우르는 전략 산업으로 규정하고, 법·제도를 정비하며 중장기 계획을 세워왔다. 이러한 노력은 교육 혁신을 넘어 지역 전체의 연구·산업 생태계를 강화하는 성과로 이어졌다. 실제로 저장대학교는 2025년 네이처 인덱스에서 연구 기관 순위로 세계 4위(서울대학교는 61위, 카이스트는 78위)에 오르는 성과를 거두었는데, 이는 대학·연구소·기업·지방정부가 긴밀히 협력하여 AI와 첨단 과학 연구에 투자한 결과였다. 특히 초·중등 단계에서부터 AI 리터러시와 탐구 교육을 강화하고, 고등교육 및 연구 단계에서는 대규모 데이터 인프라와 개방형 연구 환경을 구축한 것이 큰 원동력이 되었다. 결국 절강성의 사례는 AI 교육이 단순히 학교 교육의 문제가 아니라, 지역 혁신 생태계 전체와 맞물려야 한다는 점을 보여준다.

특히 교사의 전문성과 행정 부담 경감은 AI 교육 성공의 핵심 과제이다. 이를 위해 교육청 차원에서 디지털 관리·지원 인력을 배치하여 교사가 본연의 수업과 연구 활동에 집중할 수 있도록 해야 할 것이다. 단순한 기술 지원 인력이 아니라, 학교 현장에서 발생하는 데이터 관리·플랫폼 운영·AI 도구 활용을 전담하는 전문 인력을 두어야 한다.

또한 교사 맞춤형 연수 프로그램과 연구 기회 제공이 필요하다. 단발성인 도구 익히기 방식의 연수가 아니라 교과별, 학교급별로 AI 교육을 실제 수업에 녹여낼 수 있도록 지속적인 학습 공동체와 연구 역량을 지원해야 한다. 예를 들어, 교사 연구회를 통한 AI 수업 모형 개발, 교과별 AI 융합 사례 공유, 국제 학술 교류 프로그램 운영 등이 포함될 수 있다. 이를 뒷받침하기 위해 안정적인 예산 확보와 제도적 지원이 병행되어야 한다.

학교 공간 활용에서도 변화가 요구된다. 교실을 단순히 지식 습득만 하는 공간을 넘어, 체험·탐구·협력 중심의 학습 공간으로 전환해야 한다. 이를 위해 유휴 교실과 폐교를 활용한 AI 러닝랩(교육 공간)이나 AI 체험관 조성을 제안한다. 오산의 금암초는 AI 교육이 성공한 사례인데 학교의 유휴 공간을 AI 교육 공간으로 잘 활용하였다. AI 러닝랩은 단순 실습실이 아니라, 메이커스페이스·데이터 탐구실·시뮬레이션 룸·AI 윤리 토론실과 같은 AI 리터러시를 교육에 녹여내기 위한 융합형 공간이어야 한다.

나아가 이러한 러닝랩은 지역사회 개방형 플랫폼으로 운영하여 지역의 AI 리터러시 역량을 함께 증진할 수 있다. 방과후와 주말에는 학생뿐만 아니라 학부모와 지역 주민도 참여할 수 있도록 하여, 학교가 지역사회와 함께 AI 교육을 선도하는 거점이 되도록 해야 한다. 이는 학교–지역사회–산업체를 잇는 지역 AI 교육 클러스터로 발전할 수 있으며, 학생들에게 더욱 풍부하고 실제적인 학습 경험을 제공할 것이다.

AI 시대와 미래 인재를 위한 AI 디지털 시민 교육의 중요성

AI 윤리 교육은 선택이 아니라 필수이다. 모든 학년 수준에 맞춘 단계적 AI 윤리 교육과 디지털 시민 교육을 실시해, 학생들이 기술을 단순한 도구로 보는 수준을 넘어 사회적 책임과 가치를 고민할 수 있도록 해야 한다.

초등학교 저학년 단계에서는 개인정보 보호, 올바른 디지털 습관, 온라인에서의 기본적인 예절과 안전 규칙을 중심으로 교육해야 한다. 단순히 위험을 피하는 규범적 지식 전달을 넘어서, 사진 공유나 챗봇 대화 같은 생활 속 사례를 통해 스스로 판단하는 힘을 기르게 하는 것이 중요하다. 초등학교 고학년 단계에서는 온라인 공간에서의 표현과 책임, 알고리즘의 기본 작동 원리, 그리고 가짜 뉴스를 구별하는 훈련을 강화해야 한다. 교사가 주도하는 토론과 시뮬레이션 활동을 통해 학생들이 비판적 시각을 기를 수 있도록 돕는 것이 핵심이다.

중학교 단계에서는 AI의 편향성과 차별 문제, 저작권과 창작물 활용, 플랫폼 경제 구조와 같은 주제를 다루어야 한다. 예를 들어 "AI가 만든 그림을 미술 수업에서 어떻게 다루어야 하는가?"와 같은 질문을 던지고, 학생들이 직접 조사하고 토론하며 발표하는 프로젝트형 학습을 운영하는 방식이다.

고등학교 단계에서는 한층 더 심화된 교육이 필요하다. 자동화가 노동시장에 미치는 영향, 민주주의와 인권, AI 거버넌스와 사회적 책임 같은 주제를 다루며, 대학·연구소·기업과 연계한 윤리 포럼이나 모의 국제회의, 지역사회의 공론장 참여형 수업을 통해 실제 사회와 연결된 경험을 제공해야 한다.

이러한 단계별 교육은 교육청 차원의 지원이 반드시 뒷받침

되어야 한다. 교육청은 AI 윤리와 디지털 시민 교육을 통합한 교재를 개발하고, 교사 연수 과정을 정례화하며, 학부모와 지역사회를 대상으로 한 디지털 시민성 프로그램을 병행 운영해야 한다. 또한 학교 차원에서는 전교생이 참여하는 "디지털 시민 주간"이나 학년별 프로젝트 학기제를 통해 AI 윤리와 시민 교육을 생활 속에서 경험하게 해야 한다.

결국 AI 윤리와 디지털 시민 교육은 단순한 지식 전달이 아니라, 학생들이 AI와 함께 살아가는 민주적 시민으로 성장하기 위한 핵심 역량을 기르는 과정이다. 이는 교실 안에서만 이루어질 수 없으며, 교사와 학부모, 지역사회가 함께 만들어 가는 공동의 과제여야 한다.

교사와 학부모, 지역사회가 함께 만드는 AI 교육

AI 교육이 학교 현장에 뿌리내리려면 학부모와 지역사회의 참여가 필수적이다. 학부모에게 AI 교육은 단순한 유행이 아니라 아이의 학습 격차를 줄이고 맞춤형 성장을 돕는 길임을 설득해야 한다. 입시 위주의 경쟁교육만으로는 글로벌 AI 경쟁 시대를 살아갈 수 없다. 따라서 교육청은 학부모를 대상으로 한 AI 이해 교육과 디지털 시민성 교육을 함께 운영해야 한다.

또한 경기 지역 대학·기업·연구소와 연계한 "경기형 AI 교육 클러스터"를 구축해 학생들이 실제 사회 문제를 AI로 해결하는 프로젝트에 참여할 수 있도록 하면 좋을 것이다. 단순히 직업 교육을 넘어 삶과 연결된 배움으로 이어지는 구조를 만드는 것이다. 예컨대 지역 병원과 연계한 AI 기반 의료 데이터 분석, 기업과 함께하는 스마트시티 설계 프로젝트, 대학 연구소와의 AI 실험 연구 참여 등은 학생들에게 생생한 경험을 제공한다.

무엇보다 AI 교육은 교사 몇 명의 열정만으로는 할 수 없다. 교사·학부모·학생·지역사회가 함께 참여하는 벽깨기 거버넌스를 구축해야 한다. 이를 통해 정책의 연속성과 안정성을 확보하고, 일회성 이벤트가 아닌 지속 가능한 교육 문화를 형성할 수 있다. 오산에서 수년간 한신대 AI·SW학과를 중심으로 세교고와 운천중, 금암초 등 지역의 대학과 초중고가 연계하는 프로그램은 지역과 학교의 벽깨기 거버넌스로 AI 교육을 선도하는 모델이다. 경희대, 아주대, 경기대, 한경대, 성균관대, 평택대 등 경기도 내에 있는 대학들이 오산의 사례처럼 인근 초중고와 연계하는 프로그램을 운영하도록 교육청과 지자체의 벽깨기 거버넌스가 필요하다. 한경국립대 총장에 취임한 김찬기 총장은 "지역의 초중고 교육의 질 향상과 AI 교육을 위해 대학이 손난로가 될 것"이라고 말씀하시는 것은 매우 고무적이다.

경기교육은 "AI로 대체되는 인간"이 아니라 "AI와 함께 성장하는 인간"을 길러내야 한다. AI 기술 자체를 사용하는 경험이 전부가 아니라, AI와 함께 문제를 발견하고 해결하기 위해 고민하는 과정을 경험케 하는 교육이 본질이다. 그 길 위에서 기술보다 중요한 것은 언제나 사람을 위한 교육이라는 철학을 잊지 않는 것이다. AI 교육은 곧 학생 한 명 한 명의 삶을 풍요롭게 하고, 교사의 전문성을 회복하며, 학부모와 지역사회가 함께 만들어 가는 새로운 교육 문화를 여는 열쇠가 될 것이다.

진로를 탐색하는 배움터

교육의 목적은 자신의 삶이 값지다는 사실을 깨닫게 해주어 본인이 원하는 진로를 선택하도록 하는 것에 있다. 큰 숲에는 여러 갈래의 길이 있다. 험하지만 짧은 길, 무난하지만 먼 길, 경관이 아름다운 둘레길 등 걷는 목적에 따라 선택해서 갈 수 있다. 혹여 첫 번째 선택이 잘못되었더라도 중간에 샛길을 통해 다른 길을 선택할 수도 있고, 먼 길이면 잠시 쉬다 갈 수도 있다. 그런데 우리나라는 숲길보다 훨씬 멀고 다양하면서 중요한 선택을 해야 하는 청소년들 앞에 놓인 인생의 길은 너무 경직되어 있다. 특히 교육을 받는 동안 가는 길은 거의 선택의 여지가 없는 외길이다. 정해진 나이에 초-중-고-대학을 입학하고 졸업해야 정상적으로 과정을 이수했다고 한다. 청소년들이 실패를 통해 얻을 수 있는 경험적 가치를 가질 기회를 낙오자로 낙인찍힐 수 있어서 주저한다. 청소년들에게 다양한 길을 안내하여 스스로 선택할 수 있도록 도와주고 힘들고 지칠 때 숨을 돌리고 재정비할 수 있는 기회와 충전의 시간을 주는 것이 진로교육의 본질이다.

근래에 덴마크 에프터스콜레를 모델로 한 '꿈틀리인생학교'의 교육철학을 배경으로 성적과 경쟁에 매몰된 '이상한 나라 대한민국'에서 자신의 삶을 스스로 찾고자 선택한 '앨리스'들의 이야기를 담은 다큐 영화 〈괜찮아, 앨리스〉가 시사하는 바가 크다. 방송에도 소개된 안산 한국호텔관광실용전문학교(한호전)에서 다양한 전문 기술을 습득하는 학생들의 살아 있는 눈빛과 표정을 보며 원하는 진로를 찾아가는 것이 얼마나 소중한가를 확인하였다. 비정상적인 교육 제도와 심화된 경쟁 때문에 질식할 정도의 삶에 내몰린 청소년들에게 이제는 국가가 자신의 삶을 자신이 살아가도록 준비할 수 있는 제도를 마련하여 도와주어야 한다. 교육은 온전히 국가의 책무이기 때문이다. 이를 위해 경기도교육청이 먼저 제도를 마련하고 선도해 나가기를 바란다.

경기징검다리학교

점수 만능주의 현실을 살아가는 청소년들은 경쟁의 늪에서

허우적거리며 자신의 인생 목표가 무엇인지 탐색할 기회를 가지지 못하고, 초등–중–고등학교를 기계적으로 진학하고 있다. 이 때문에 청소년기에 가장 중요한 자아 탐색, 진로 탐색 기회를 충분히 갖지 못한 청소년들은 불성실한 학교생활, 비행 학생 등으로 전락하고, 대학 입학 이후에도 약 20%(2024년) 정도가 반수생이라는 통계가 있을 정도로 사회적 문제가 되고 있다.

경기징검다리학교는 중학교 3학년을 졸업하고 고등학교 1학년에 입학하기 전 징검다리학교 입학을 원하는 학생을 대상으로 1년간 징검다리학교에서 자아 탐색, 진로 탐색의 기회를 충분히 제공하여, 자신의 적성, 장점을 살려 진로 선택과 대학 진학에서 실패할 경우를 최소화하여 불필요한 사회적 비용을 줄일 수 있다.

경기징검다리학교는 경기도교육청이 폐교를 활용하여 공립 기숙학교로 운영하고, 징검다리학교에서 이수한 학점은 고등학교 진학 후 고교학점제와 연계하여 학점인정위원회 심의를 거쳐 학점으로 인정해 줄 수도 있다. 자아 탐색, 진로 탐색, 신체 훈련, 노작, 음악, 미술, 공구 다루기 등 개인별 교육목표 달성에 필요한 실제적인 교육과정으로 운영한다.

청소년들이 시험과 점수 위주의 맹목적이고 비정상적인 성장 과정으로부터 벗어나 건전한 사회인으로 성장하게 하며 스스로 자기 삶의 주인으로 성장하여 모두가 함께 사는 세상, 행복한 삶을 영위하는 데 이바지할 수 있도록 다양한 길을 열어줄 필요가 있다.

한국형 애프터스쿨

한국형 애프터스쿨을 진로 교육의 중요한 축으로 발전시킬 수 있다. 지금의 방과후 학교가 단순 보충 수업이나 취미 활동에 머무르는 경우가 많은데, 앞으로는 진로 맞춤형 심화 학습, 산업 연계형 창의 프로그램, 대학·기업 전문가가 참여하는 멘토링까지 아우르는 "미래형 애프터스쿨"로 전환할 필요가 있다. 예를 들어 인공지능 코딩, 바이오 실험, 창업 동아리, 미디어 제작 등은 학생들이 수업 시간에는 접하기 어려운 진로 역량을 키울 수 있는 좋은 기회로 만든다.

한국형 갭이어

한국형 갭이어Gap Year 제도 도입도 고려할 만하다. 대학 입학시험 후부터 대학 입학 전 일정 기간 동안 학생이 학교 울타리를 벗어나 사회봉사, 해외 체험, 기업 인턴십, 연구 프로젝트 등에 참여할 수 있도록 제도적으로 지원하는 것이다. 지금은 소수의 특수 사례에 불과하지만, 국가와 교육청 차원에서 제도를 마련한다면 학생들이 자신의 진로를 보다 성숙하게 탐색하고, 진학이나 취업 선택의 질도 높아질 것이다. 예컨대 경기도 차원에서 "갭이어 지원 프로그램"을 운영한다면, 학생들은 대학 입학 전 몇 개월간 지역 기업, 해외 교류 기관, 시민단체에서 활동하며 삶과 진로를 직접 연결 지을 수 있을 것이다.

교사의 진로 전문성 강화

교사의 전문성 강화는 필수적이다. 진로 교사와 일반 교사 모두가 기본적인 진로 상담 역량을 가질 수 있도록 연수를 체계화할 필요가 있다. 진로 교육은 체험이나 직업 교육의 일부가 아니라, 학생 개개인의 진로 탐색과 성장 과정을 이루어낼 수 있도록 학교 수업, 직업 및 창업 교육을 연계해야 한다. 특히 진로 중심 교육과정 운영에서 진로 교사가 중심이 되어 고교학점제에서 학생 맞춤형 진로 성장을 지원하도록 교육 시스템을 구축하고, 교사 연수도 실시해야 한다. 더 나아가 진로 교사가 산업 현장 연수에 참여하고, 미래 기술과 직업 변화에 대한 최신 지식을 습득하도록 제도적 지원을 강화한다. 이를 위해서 현행 1,200명에 불과한 1학교 1명의 진로 전담 교사 배치를 향후 12학급당 1명으로 정원을 늘리고, 양질의 진로 교육 콘텐츠를 개발하여 사회 변화에 맞춰 학생 개인별 진로 지도가 가능할 수 있도록 진로체험지원센터를 진로교육지원센터로 변경해서 진로 전담 교사가 수업, 상담에만 전념할 수 있도록 해야 할 것이다.

학부모 진로 교육

학부모와 함께하는 진로 교육도 필요하다. 아이의 진로를 "좋은 대학–안정된 직업"의 틀로만 보지 않고, 자녀의 흥미와 적성을 존중할 수 있도록 학부모 대상 교육을 강화한다. 가족이 함께 참여하는 진로 캠프, 부모 직업 멘토링 프로그램은 자녀에게 실질적인 도움이 될 수 있겠다. 수원 늘봄, 고양 덕양교육연대 이끌다, 광명 레가토미래교육, 화성 새솔동 새학연(새솔동학부모연합) 등 경기도의 자발적 학부모 단체들과 함께 진로 교육을 하면 효과도 좋고 학생들의 흥미도 높아질 것으로 기대한다. 실제 회원 수 100여 명이 되는 고양시의 '이끌다'는 학부모들이 자발적으로 학생들의 진로 교육을 하고 있는데 교육청의 지원이 아쉽다. 학생들의 적성이나 취향을 가장 잘 알고 있는 학부모들이 교사들과 함께 진로 교육을 할 경우 학생들은 최적의 진로 선택을 할 수 있을 것이다.

교사가 행복해야 아이들도 행복하다

가르치기만 하세요. 지켜드리겠습니다

세계에서 가장 우수한 대한민국 교사들이 불행한 이유가 무엇일까? 우리 교육 현장에서 교사들이 극단적 선택을 하는 안타까운 일이 계속 발생하고 있다. 2023년 서이초등학교 교사의 죽음은 사회 전체에 큰 충격을 주었으나, 이는 빙산의 일각에 불과하다. 근본적인 원인은 교권이 추락하여 교사가 더 이상 주어진 역할을 수행하지 못하는 상황이 되었기 때문이다. 예전에는 교사가 학생을 체벌하거나 인권을 침해하는 것이 문제였다면, 지금은 학생이 수업 방해나 지시 불이행은 기본적 현상이 되었고, 심지어 교사를 폭행하는 사례까지 발생하고 있다. 여기에 학부모의 악성 민원과 협박성 신고가 더해지면서 교사들의 고통은 가중되고 있다.

이로 인해 교직 문화 또한 왜곡되고 있다. 공무원에게 정년 퇴직은 영예로운 일임에도 불구하고, 교육계에서는 정년까지 버티지 않고 조기 퇴직하는 것을 오히려 축하하는 문화가 확산되고 있다. 이는 교직에 대한 자부심과 사명감이 무너졌음을 보여주는 현상이다. 경기도에서도 우수 교사들의 이탈이 지속적으로 증가하고 있으며, 젊은 교사들 사이에서는 "어떻게 하면 빨리 그만둘 수 있을까?"라는 고민이 확산되고 있는 현실이다. 교사의 자부심보다는 생존에 대한 불안감이 앞서는 것이다. 교직을 일찍 떠나는 용기를 부러워하는 교육 현장의 현실을 직시하고, 교사가 머무르고 싶은 학교를 만들어야 한다.

교사들의 자조적 목소리 또한 두드러진다. 교사 온라인 커뮤니티에서는 "아무것도 안 하는 교사가 가장 훌륭한 교사"라는 말이 유행하고 있다. 교사들의 업무 최소주의는 적극적 교육활동을 포기하고 민원을 피하기 위해 소극적으로 행동하는 문화를 반영한다. 체험 학습, 창의적 수업 등 적극적 교육 방법이 줄어들며, 교육의 본질이 훼손되고 있다. 그 결과 가장 큰 피해는 학생들이 입게 된다. 수원 구운초 모델처럼 민원 일원화 시스템을 만들어 교사들이 수업에 집중하도록 해야 한다.

교권 침해, 학교폭력, 아동폭력 피해 신고로 학교 교육을 망치는 트라이앵글은 어느 학교에서나 교사들의 의욕을 꺾고 있다. 추락한 교권을 회복하고 교사들이 자부심을 가지고 교육 현장에 나설 수 있도록 제도적으로 교사의 자존감을 고양하고 교육 현장에서 교사가 중심적인 역할을 하도록 전문성을 높이는 기회를 마련하고 교육 정책 수립과 실행에 교사의 참여 기회를 늘려야 할 것이다. 외형만 번지르르한 포템킨 빌리지처럼 경기도교육청이 하이러닝 교사 조롱 홍보 영상으로 교사들의 분노를 자아낸 사건은 단순한 해프닝이 아니다. 지금의 경기교육을 포템킨 교육으로 내가 비판하는 이유의 핵심은 교사를 경시하는 데 있다.

현재 경기도교육청의 정책 수립 과정에 교사 참여가 형식적으로만 이루어지고, 실제로는 교육청 내부의 판단에 의해 결정되는 경우가 많다. 교원 단체와의 협의도 형식적 절차에 머물러 있으며, 현장의 목소리는 충분히 반영되지 않는다. 교사 단체에서 활동하는 교사들은 임태희 교육감을 '만나기 어려운 분' '자기 이야기만 하는 분'이라고 불만을 토로한다. 교육감은 만나기 쉬워야 하고, 교사들을 존중하고 교사들의 말을 경청해야 한다. 교사들은 현장 전문가이기 때문이다. 그런데 교사들은 자신들이 단순한 정책 실행자로만 취급받고 있다고 느끼며, 교육 전문가로서 존중받지 못한다는 인식이 확산되어 있다.

또한 교육의 외주화 역시 문제로 지적된다. 경기도교육청의 대표 정책인 하이러닝과 공유학교는 학교 밖 기관이나 온라인 플랫폼에 교육을 의존하게 만드는 구조를 갖고 있다. 이로 인해 교사의 전문성과 교육적 역할은 축소되고, 교사들은 외부 프로그램의 관리자로 전락하고 있다. 교육의 중심이 교사와 학교에서 외부 기관으로 옮겨가면서 교사 소외 현상이 심화되고 있다.

더 근본적으로는 교사 스스로 자부심을 가질 수 있는 환경이 부족하다. 경기도교육청은 교권 침해 상담이나 법률 지원 제도를 마련했지만, 이는 사후적 조치에 불과하다. 교사가 스스로 교권에 대해 자긍심을 가질 수 있는 문화와 시스템을 마련해야 한다. 오바마 대통령도 칭찬한 대한민국의 우수한 교사들이 자긍심을 가지고 역량을 발휘하도록 한다면, 교사들은 오래도록 학교에 머물고 싶어 할 것이다. 떠나고 싶은 학교가 아니라 머무르고 싶은 학교를 만들지 않으면 한국 사회의 희망이 없다.

교사 연구년제 도입

이재정 교육감이 약속하였으나 이행되지 못한 교사 연구년제 도입을 서둘러야 한다. 현재도 교사 연구년제가 존재하긴 하지만 경기도의 경우 유치원, 초·중·고·특수학교 교사를 포함하여 몇백 명 규모로 실험적인 단계에 그치고 있다. 위기의 교사들이 사랑과 열정으로 학생들을 지도하고 보람을 느낄 수 있도록 자긍심과 전문성 함양의 기회를 제공하는 유급 교사 연구년제 도입이 필요하다. 예를 들면 ①교사 경력 15년 차에 1차, 25년 차에 2차 연구년제를 각 6개월씩 실시한다. ②연구년 기간 동안 해당 교사는 교육청에서 주관하는 전문성 함양을 위한 연수(보수교육 1개월)에 의무적으로 참여한다. ③보수교육은 교사 정신 건강, 사회 변화에 적응하는 교과 전문성 함양, 개인별 충전 기회 등 교사의 만족도를 높일 수 있는 프로그램으로 구성하여 실제적인 연구년제가 되도록 한다.

교원의 직무 수행 중 사고에 대한 교원 면책 강화

교원의 직무 수행 중 사고에 대해 선진국은 학교 및 교육청이 1차 책임을 지며 보험으로 대응한다. 개인 교사는 심각한 과실이나 의도적인 방치가 아닌 경우에는 크게 책임을 묻지 않는다. 교사 개인이 법적, 금전적 책임을 지는 경우는 없고 사안에 따라서 징계나 행정적 조치는 받을 수 있다. 현장 체험에서 발생한 사고를 교사의 책임으로 돌리니 우리의 교사들은 현장체험을 기피한다. 선진국처럼 사고 시 교사를 면책하여 현장 체험 학습을 재개하는 것이 마땅하다.

2025년 '학교장 및 교직원은 학생에 대한 학교안전사고 예방 및 안전조치의무를 다한 경우에는 학교안전사고에 대하여 민사상·형사상 책임을 지지 아니한다.'라는 내용의 학교안전법 개정(법 제10조5항)이 시행되었으나, 이로써 모든 것이 해결된 것은 아니다. 이것은 사법적 판단 기준은 되나 공소 제기를 제한하는 규정이 없고, 학부모의 민사 소송 제기는 제한할 수 없다.

예컨대 2025년 2월 춘천지법은 초등학교 체험 학습 도중 학생이 버스에 치여 사망한 사건과 관련해, 담임 교사 A씨에게 1심에서 금고 6개월에 집행유예 2년을 선고했고, 2심에서 금고 6개월의 유죄로 선고유예를 선고했다. 법원은 "교사가 주의를 기울이지 않아 학생이 대열을 이탈한 상태에서 버스가 후진해 충돌한 점이 과실로 인정된다."라고 판단했다. 이 판결은 '인솔 교사가 학생 안전을 돌볼 의무'의 범위를 어떻게 설정하느냐가 판례마다 크게 다름을 여실히 보여준다. 이 사건 판결 이후 많은 학교에서는 "학생의 안전 문제는 불확실 리스크가 크다."라며 현장 체험 학습 자체를 보류하거나 축소하고 있다. 법원이 과실 책임을 엄격히 판단한 사례가 알려지면서 여러 학교가 체험 학습을 전면 중단하거나 축소하려는 방침을 검토하고 있으며, "체험 학습 인솔에 내 인생을 걸고 학생을 책임질 수 없다."라는 일선 교사들의 성토가 현장에서 나오고 있다.

또한 법 개정 후에도 '주의 의무의 구체적 기준'이 명확히 정립되지 않았다는 지적이 계속되고 있다. EBS에서는 최근 10년간 체험 학습 관련 판례 10건을 분석했는데, 형사 책임이 인정된 판례는 단 2건이지만 판결마다 '어떤 조치를 했는가' '교사의 개입 가능성' 등에서 기준이 제각각이었다는 점을 지적했다.

이처럼 법적으로 면책 근거가 마련돼도, 법원 판단 기준이 일관되지 않고 위험 요소가 많은 교육 현실이 겹치면서 교사들은 체험 학습 운영을 두고 여전히 부담을 느끼는 것이다. 학교 현장에서는 이러한 교원의 면책을 강화하기 위해서 교원이 교육활동에 대해 민형사상 책임을 면할 수 있도록 학교안전법, 교원지위법 등을 실질적으로 개선해야 할 것이다.

정당한 교육활동에 대한 아동학대 신고 사건 무조건 송치제 개선

아동학대처벌법 개정에도 불구하고 정당한 교육활동도 아동학대로 신고되면, 경찰 수사에 이어 검찰에 송치되는 현상이 계속되고 있다. 이는 부당한 차별로 교원의 교육활동을 위축시키고 있으므로 형사소송법 제245조의5(사법경찰관의 사건송치 등) 제2호에 따라 송치하지 않을 수 있도록 아동학대처벌법 제24조를 개정하도록 노력해야 한다.

교권 침해 실태 조사들을 보면, 아동학대 신고가 교원 교육활동 축소의 주요 원인 가운데 하나로 지속 지목되고 있다. 교육부가 2025년 5월 발표한 2024학년도 교육활동 침해 실태 조사 결과에 따르면 교원에 대한 아동학대 신고 시, 교육감이 정당한 생활지도 여부에 대한 의견을 제출하고, 조사·수사 기관이 이를 참고하도록 하였음에도, 제도 도입 후 약 17개월

(2023.9.25.~2025.2.28.) 동안 교원 대상 아동학대 신고 중 약 70%(738건/1,065건)에 대해 정당한 생활지도로 의견이 제출되었고, 수사가 완료된 건 중 약 95.2%(417건/438건)는 '불기소 또는 불입건'으로 사건이 종결되었다. 이는 신고 사안 중 대부분이 여전히 무고성 아동학대 신고이며, 수사가 진행되는 사안에 대해서 경찰 수사 및 검찰 송치에 대해서 오롯이 교사가 감내해야 함을 의미한다.

또 2025년 7월 교사노동조합연맹이 발표한 상반기 교권 실태 설문조사 결과에서 교사들이 교육활동 침해 행위를 경험했음에도 지역교권보호위원회에 접수하지 않은 이유를 '무고성 아동학대 신고 등의 보복이 두려워서'라고 응답한 비율이 29.9%로 가장 많았다. 같은 설문의 주관식 응답 결과에서도 많은 교사들이 무고성 아동학대 신고를 당하거나 위협을 당한 사례가 보고되고 있다. 이는 여전히 학생 또는 학부모에 의한 무고성 아동학대 신고가 교원의 정당한 교육활동을 방해하고 위협하고 있음을 여실히 드러내는 것이다.

교사의 정치기본권 보장

교사의 정치기본권 문제는 단순히 교원들의 인권이나 민주주의 문제를 넘어 우리 아이들의 미래가 걸린 중차대한 과제다. 민주사회를 지향하는 과정에서 교육 전문가인 교원들의 목소리가 원천적으로 배제된 결과 우리 교육이 성숙한 민주시민을 양성하는 데 장애가 되고 있다. 그로 인해 우리 교육은 오로지 1등을 목표로 하는 '세계 최악의 경쟁교육'으로 전락했고, 우리 아이들은 '세계에서 가장 불행한 아이들'로 낙인찍혔다.

교사의 정치기본권 보장은 '교육의 정치화'로 나아가는 게 아니라 오히려 교육 전문가의 참여를 통해 교육 정책의 비정치화와 전문화를 이끄는 길이다. 교육의 정치 중립성은 교사의 시민권을 박탈함으로써 지키는 것이 아니라 독일의 '보이텔스바흐 합의'와 같은 정치 교육의 원칙을 교실에서 실천함으로써 지켜지는 것이다.

OECD 국가 38개국 중 유일하게 한국만 유초중등 교원의 정치기본권을 박탈하고 있어 국제적으로도 합리적 이유가 없다. 2011년 유엔 표현의 자유 특별보고관과 2015년과 2016년 국제노동기구ILO는 대한민국 정부에 공무원과 교원의 정치 활동이 과도하게 제한되고 있다는 점을 지적하며 정치적 자유를 충분히 보장할 것을 권고하였다.

대학 교원과는 달리 유초중등 교원의 정치 활동 전면 금지는 어떠한 합리적 이유도 없으며, 18세 청소년에게 피선거권이 부여되고 16세 정당 가입이 가능한 조건과 상충된다. 또한 유초중고 학령기 학생을 상대하는 학원 강사, 어린이집 교사, 방과후 교사, 각종 학생 체험 시설의 교직원에게는 정치기본권이 허용되는 것과도 모순이므로 직무와 무관한 교원의 정치 활동도 허용되어야 한다. 더불어 독일의 보이텔스바흐 협약처럼 수업 중 정치적 중립을 지키면서도 논쟁적 사안들을 균형 있게 다루도록 해야 할 것이다.

이재명 대통령은 학교 밖 정치 활동을 약속했다. 교사 정치권 허용 범위와 내용을 두고 논쟁이 뜨겁다. 교사들이 갈망하고 대통령도 약속했으니 지켜야 한다. 대통령이 후보 시절 학교 밖 정치 활동 약속을 했는데도 제한된 선거 출마 허용에 그친다면 용두사미로 되어 교사들은 실망할 것이다. 민주시민을 양성하는 교사에게 정치 활동을 일체 금하는 반민주적 현실에 대한 국민적 공감대와 사회적 합의가 필요하다. 이재명 대통령이 공약했으니 국회도 결단을 내려야 한다.

공교육 정상화와 사교육비 절감으로 행복한 학교

경기도는 전국에서 가장 많은 학생과 학부모가 거주하는 지역이다. 초중고 학생 수가 155만 명, 교원 수가 13만 명에 달하니 전국 1/3 규모의 학생과 교원이 있다. 경기교육은 대한민국 교육의 축소판이므로 교육에 대한 관심과 기대도 크다.

경기교육의 변화가 대한민국 교육 변화의 가늠자가 되기 때문이다. 그동안 경기교육은 무상 급식, 혁신학교, 마을교육공동체, 몽실학교 등 다양한 시도를 통해 대한민국 교육을 선도해 왔다. 이러한 노력은 분명 시대를 앞서간 혁신이었으며, 그 성과 또한 소중히 기억해야 한다.

그러나 이제는 현실을 냉정히 바라보며 다시 출발선에 서야 한다. 그동안 경기교육이 놓친 것은 없는지 되돌아볼 때다. 기초학력 약화, 생활지도의 어려움, 교사와 학부모 간 신뢰 저하, 학생들의 학습 동기 상실은 더 이상 외면할 수 없는 현실이 되었다. 학부모는 자녀의 학교생활을 불안해하고, 교사는 수업보다 생활지도에 더 많은 에너지를 쏟으며, 학생들은 배움의 즐거움보다 평가에 대한 부담을 크게 느끼고 있다.

이제 경기교육은 과거의 성과에 안주하지 않고, "누구를 위한 교육인가?"라는 근본적 질문에 답해야 한다. 학생 한 명 한 명이 배움의 기쁨과 성장을 경험하고, 모든 아이가 자신의 속도에 맞게 꿈을 키워갈 수 있는 교육을 실현하면서 입시 제도, 평가 제도 개선으로 망국적 교육의 상징인 연간 30조 사교육비를 최대한 줄이는 것, 이것이 우리가 다시 세워야 할 경기교육의 모습이다.

기초학력 책임지는 공교육

2020년 코로나 팬데믹으로 인한 원격 수업의 장기화가 지금까지 초중고에 기초학력 부진 학생 증가를 심화시키고 있다. 기초학력 부진의 원인이 학습 결손, 심리·정서적 요인 및 기초지식 부족 등 복합적인 요인으로 인해 일반 수업 시간으로는 지도에 한계가 있다고 교사들이 하소연하고 있어서 해결할 수 있는 제도를 마련해야 한다. 용인의 어느 초등학교에서 은퇴 교장이 기초학력 미달자 교육을 실시하였는데 효과가 매우 컸다.

지역의 퇴직 교육자들을 활용하고 표준화된 학습 매뉴얼과 연수를 통한다면 기초학력 부진아에게 당장에 좋은 대안이 될 수 있을 것이다. 그러나 이러한 퇴직 교육자의 헌신과 열정에 의존하기보다 시스템을 제도화하여 체계화된 매뉴얼로 10% 내외로 추정되는 기초학력 미달자에 대한 대책이 시급하다.

①기초학력 전문 인력을 양성하여 학교당 1명 이상 기초학력 전문 교사를 배치하고, 기초학력 지역거점센터 운영을 통해 교사 역량 지원, 사례 공유, 학부모 교육 등을 지원한다. ②초등학교 저학년(1, 2학년) 다인수 학급에 교사 1명을 추가 배치하여 학습 보장 지원을 강화하여 교육의 내실화를 도모한다. 1학급 2교사제를 통해 생활지도 교육에도 유용한 결과가 나온다면 성과 평가 후 초등 3학년 다인수 학급까지 확대를 고려한다.

성취 기준에 근거한 학교 평가 도입 및 대입 제도 개선 필요성

학생들의 성취 수준과 보충 학습이 이루어져야 할 부분에 대한 정확한 진단이 공교육 내에서 이루어지지 못하기 때문에 자녀의 학업 성취 수준을 파악할 수 없어 불안을 느낀 학생과 학부모가 사교육을 찾게 된다. 2024년 초중고 사교육비 조사 결과, 성적의 높은 구간의 학생일수록 등급 경쟁을 위해 더 많은 사교육비를 지출하는 것으로 나타났다. 이를 해결하기 위한 대책으로는 학생들을 현행 상대평가가 아닌 국가 수준 교육과정이 명시한 성취 목표 도달 여부를 정확히 판단해 주는 학교 평가와 입시 제도의 개선이 필요하다.

①친절한 성적표를 도입하여 기존 성적표가 결과 통보에 그쳐온 것을 개선해 국가 교육과정 성취 목표에 근거하여 학생들의 성취 수준을 정확하게 평가해서 부족한 부분이 무엇인지까지 기록해 학생과 학부모에게 제공한다. 교사에게는 교수 평가에 집중할 수 있도록 시스템을 보완하고 행정 업무 부담을 완화한다. ②내신 평가와 수학능력시험을 절대평가로 개선한다.

내신 평가는 절대평가로 개선해야 할 필요성이 있다. 상대평가는 같은 수준의 학업 성취를 보여도 '등급 비율' 때문에 성적이 인위적으로 나누어진다. 이는 학교 간 수준 차이, 학급 규모, 교사의 평가 방식에 따라 불공정하게 작용한다. 반면 절대평가는 학생이 교육과정의 목표를 얼마나 달성했는지를 기준으로 평가하므로 평가의 기준이 명확하고, 성적이 타인의 성과에 의존하지 않아 공정성이 높다. 또한 상대평가는 '경쟁'을 조장하여 친구가 곧 경쟁자가 되어 학생 간 협력보다는 비교와 불안이 커진다. 이와 달리 절대평가는 자신의 목표 성취를 중심으로 평가받기 때문에 타인과 비교하지 않고 스스로의 성장에 집중하게 되어 자기 주도 학습을 촉진한다. 종국에는 교육의 본질 회복을 위해서도 절대평가를 도입해야 한다. 상대평가 체제에서는 '점수 잘 받기 위한 공부'가 중심이 되기 때문에 문제 풀이식, 단기 암기식 학습이 강화될 수밖에 없다. 하지만 절대평가 체제에서는 '교육과정 성취 기준' 중심으로 평가가 이루어지므로 학생이 배워야 할 핵심 역량과 학습 목표에 집중할 수 있다. 고교학점제도 이런 관점과 연계해 절대평가로 가야 도입 취지에 부합하고 본래의 목표를 달성할 수 있다. AI·융합 시대의 교육은 '경쟁보다 역량'을 중시하므로 절대평가는 역량 기반 교육 평가 체제로 가는 필수 단계라고 할 것이다.

내신 절대평가와 연계해 수능도 전 과목 절대평가로 전환해야 한다. 수능이 상대평가일 때는 '점수 따기식 공부'가 중심이 되어 창의력·사고력보다 단순히 문제 풀이 기술이 강조되지만 절대평가로 바뀌면 학생은 교육과정의 성취 기준을 중심으로 학습하게 되어 교육의 본질인 배움과 성장의 학습이 이루어진다. 상대평가는 '1점 차이로 대학이 달라지는 구조'를 만들어 학생 간 과열 경쟁과 불안을 부추길 뿐만 아니라 30조에 달하는 사교육비 지출이라는 사회 문제를 야기하고 있다. 하지만 절대평가는 경쟁 상대가 아닌 자신의 학습 목표 달성에 초점을 두어 건전한 학습 분위기를 조성하게 된다. 또한 현재 학교 수업은 성취 기준 중심으로 운영되지만, 수능은 객관식 상대평가로 운영되어 교육과 평가의 불일치가 발생하고 있어 절대평가를 도입함으로써 교육과정–수업–평가 일체화를 실현할 수 있다. 나아가 5지선다형 객관식 문제를 서술형, 논술형 시험으로 확대해서 미래 역량인 창의융합형 인재를 양성하는 평가로 발전해야 한다.

학생 생활지도 전담 교사제

생활지도는 벌점이나 처벌이 아니라 교사와 학생, 학생과 학생 간의 건강한 관계를 세우는 교육이다. 그러나 최근 학교 현장은 학생 인권과 교권이 대립하는 구조 속에서 큰 어려움을 겪고 있다. 학생 인권은 존중되어야 하지만, 그 과정에서 교권이 무너지면 학생 역시 제대로 보호받을 수 없다. 교사가 제 역할을 하지 못하는 교실에서는 배움도 성장도 일어날 수 없다.

많은 교사가 생활지도에 대한 부담을 호소한다. "아이를 제대로 지도하려 해도 학부모 민원이 걱정되고, 그렇다고 방치할 수도 없어 스트레스가 크다."라는 것이다. 학부모 역시 "학교에서 우리 아이가 제대로 관리받고 있는지 불안하다."라고 말한다. 불신이 쌓이는 환경에서 교사·학부모·학생 누구도 행복할 수 없다.

생활지도를 효과적으로 하기 위해서 분리 학생 지도와 학생 생활지도 보조 업무를 전담으로 하는 학생 생활지도 전담 교사

제 도입을 고려할 만하다. 현재 모든 학생의 학생권과 수업권 보호를 위해 수업 방해 학생 분리 제도가 도입되었으나 분리 학생을 지도할 인력 배치가 안 되어 분리 제도가 형식적으로 운영되는 경우가 많다. 전담 교사는 분리 학생 수가 많은 학교부터 기간제 교사를 우선 배치하되 점진적으로 정규 교사 비율을 확대해 나간다. 관련 법과 시행령을 검토하여 제도를 개선해야 하며, 경기도교육감은 국회와 교육부를 설득하는 에듀 폴리티션Edu-politician으로서 역할과 성과를 내야 한다.

교사의 전문성을 바탕으로 한 교육과정 운영

학교 교육의 질은 교사의 전문성 수준에 크게 좌우된다. 교육과정이 국가 수준에서 제시되더라도, 실제로 이를 학생의 발달 단계와 학교의 실정에 맞게 구현하는 주체는 교사이기 때문에 교육과정 운영에는 교사의 의견이 적극적으로 반영되어야 한다. 하지만 현재 경기도교육청은 교사와의 만남을 외면하고 전문성을 무시하다 교사들에게 도리어 외면당하는 불행한 현실이 되었다. 교사의 전문성은 교육과정의 효과적 운영과 학생 중심 교육 실현의 핵심 요인이다. 그러므로 교사가 전문성을 가지고 교육과정을 자율적으로 운영할 수 있도록 학교, 교육청, 교육 당국에서 적극적으로 지원해야 한다.

교사의 전문성은 단순한 교과 지식의 수준을 넘어 교육과정

재구성과 수업 설계 능력을 포함한다. 전문성이 높은 교사는 국가 수준 교육과정을 학교 및 학급 수준으로 변용하여 학생의 흥미와 지역 특성에 맞는 교육을 실천할 수 있다. 이를 통해 교육과정의 획일성을 극복하고, 학습자의 다양성을 존중하는 맞춤형 수업이 가능해진다. 교육과정의 자율적 운영을 위해서는 학교 차원의 지원과 제도적 기반이 병행되어야 한다. 교사에게 충분한 자율권과 협력 시간이 보장될 때, 교육과정은 교사 주도적이고 창의적인 방향으로 발전할 수 있다. 따라서 국가와 교육청은 교사의 전문적학습공동체 활성화, 현장 맞춤형 연수 확대, 평가 중심 정책 개선 등을 통해 전문성 향상을 지원해야 한다.

결국 교사의 전문성은 교육과정 운영의 성패를 결정짓는 핵심 요인이다. 전문성을 지닌 교사는 학생 중심의 교육과정을 실현하고, 학교 교육의 질을 한 단계 높일 수 있다. 따라서 교사 개인의 노력뿐 아니라, 제도적·조직적 차원에서 교사의 전문성 개발과 교육과정 자율화를 지속적으로 지원한다면 자치형 교과서 개발도 가능하다. 그것이 진정한 의미의 학교 혁신과 공교육 발전의 출발점이 될 것이다.

함께 만들어 가는 교육

교육은 교사·학교·교육청만의 몫이 아니다. 학생, 교사, 학부모, 지역사회가 모두 함께 참여할 때 비로소 진정한 교육이 실현된다. 기초학력 보장을 위해서는 가정과 지역사회의 관심과 지원이 필수적이다. 생활지도의 회복을 위해서는 교사와 학부모 간 신뢰와 협력이 필요하다. 내실 있는 교육과정을 위해서는 교사의 전문성과 창의성이 발휘될 수 있는 환경이 마련되어야 한다. 무엇보다 모든 정책과 제도의 중심에는 학생이 있어야 한다. 학생의 성장과 행복이 최우선 가치가 되어야 한다. 어른들의 편의나 체면을 위해 학생이 희생되어서는 안 된다. 학생 개개인이 자신의 꿈을 찾고 이를 실현할 수 있도록 모든 교육 주체가 함께 노력해야 한다.

모든 아이가 행복하게 배우고 건강하게 성장할 수 있는 경기교육, 교사와 학부모가 신뢰하며 협력하는 경기교육, 지역사회가 함께 책임지는 경기교육으로 대한민국 교육을 선도해 나가야 한다.

벽깨기를 통한 학교와 지역 상생하기

학교와 지역이 상생하는 르네상스 꽃피우기

2020년 유네스코는 미래 리터러시 인재 양성을 촉구했다. 미래 AI 시대에는 단순히 미래를 예측하는 것이 아닌, 미래를 이해하고 활용하는 능력이 필요하다. 미래 리터러시는 창의력, 비판적 사고력, 소통력, 공감력, 리더십, 그리고 협업하는 능력인데 이러한 능력은 학교 울타리를 넘어 학교와 지역의 벽깨기를 통해 가능하다.

"한 아이를 키우기 위해서 온 마을이 필요하다."라는 아프리카 속담이 요즘만큼 우리 교육계에서 많이 인용된 적이 없는 것 같다. 산업화 시대에 획일화된 지식 교육이 더 이상 유효하지 않을뿐더러 지역에 있는 초중고와 대학이 섬으로 남아서는 미래 사회의 변화와 다양성을 교육이 수용할 수 없기 때문이다.

학교와 지역의 거버넌스가 이재명 정부의 국정 과제에 포함될 만큼 학교와 지역 벽깨기는 시대적 과제가 되었다.

교육 행정과 일반 행정이 통합된 나라에서는 일원화된 교육 체제가 있으나 두 개의 행정이 분리된 우리나라에서는 학교와 지역의 협력이 낯설고 어려운 과제가 되어 있다. 그러나 이제는 학교와 지역은 서로 간섭하거나 방관자적인 관계가 아닌 연계하고 협력하는 관계로 발전해야 교육 내용이 다양해지고 하루하루 변화하는 시대에 효율적으로 대비할 수 있다. 이를 위해 학교와 지역의 제도적 장벽과 인식의 장벽을 깨야 한다. 벽을 깨면 지역 주민들이 교육 현장에 동참할 수 있고, 오산 원동초, 수원 규장초·중학교처럼 학교복합시설로 체육관, 수영장, 도서관 등 학교 시설을 주민들이 이용할 수 있다. 시흥의 도원초, 소래초처럼 야간, 공휴일에는 학교 주차장을 주민들이 이용할 수도 있다. 돌봄도 학교와 지역이 협력하면 공간, 인적 자원, 책임 소재를 협의하면 상생할 수 있다. 지난해 용인시와 관내 초중고 118개 학교는 체육관과 운동장 등 교육 시설을 지역 주민에게 개방하기로 협약을 맺었다.

2023년 국정 감사에서 임태희 교육감께 김동연 도지사와 벽깨기 협약을 제안했고, 약속하셨는데 성사되지 못해 아쉽다. 일반 행정과 교육 행정의 견고한 장벽 때문인 듯하다. 만약 두

분이 벽깨기 협약을 했다면 무상 통합 버스, 공공시설 무상 제공, 1인 1악기, 1인 1운동, 1인 1외국어, 교사의 교육 능력 개발 시간 확보를 위한 교육(사회)복지사 및 실무사 배치, 청개구리 연못 확대, 학교 체육관 및 운동장 개방, 학교 개방 주차장, 지자체 교육 예산 증액 등 학교와 지역의 상생 협력으로 교육생태계를 바꾸고 주민들에게도 유익했을 것이다.

학교와 지역의 벽을 깨면 학생들의 교육의 질과 주민들은 삶의 질이 좋아져 정주성이 높아진다. 하남과 김포의 과대 학교, 과밀 학급 문제도 서울시와 학군 조정 벽깨기로 해법을 찾을 수 있다. 벽깨기를 통해 누구나 걸어서 5분 거리에 도서관, 체육관, 수영장을 만날 수도 있다. 벽깨기는 학령 인구 감소, 고령화 시대, 지역 소멸 시대에 학교와 지역을 살리는 대안이 될 수 있다. 줄탁동시! 학교와 지역의 상생 협력 거버넌스, 벽깨기는 시대정신이 될 것이다.

하드웨어 벽깨기

학교 패러다임의 전환이 필요한 시급한 요인으로 2024년 합계 출산율 0.75명 및 초고령사회 진입(65세 이상 20%)이다. 또한 창의·융합 교육 및 지역사회 연계 교육, AI, VR 및 디지털 활용 교육을 통한 미래 사회 대비 교육, 학생 안전 및 안전 의식 교육, 아동 발달 단계별 맞춤형 신체 및 정신 활동 강화를 위해

하드웨어 벽깨기가 필요하다.

수원 청개구리 연못은 지자체와 학교의 벽을 허물고 아이들을 위해 지자체, 학교, 학부모가 협력한 벽깨기의 성공 모델이다. 초·중학교 8개의 청개구리 연못은 몇 개의 빈 교실을 리모델링하여 노래방, 밴드실, 게임방, 영화관, 댄스룸 등 아이들이 놀고 쉴 수 있는 공간을 만들었다. 수원 서호초는 빈 교실을 활용하여 지역아동센터를 만들었는데 향후 경기도뿐만 아니라 전국적인 모델로 만들어야 한다. 청개구리 연못을 경기도 전역으로 확대하면 유휴 교실을 활용한 청소년 공간으로 최적의 대안이 될 것이다.

학교복합시설은 2001년 서울 성동구 금호초등학교를 시작으로 전국적으로 확산되었다. 1990년대 중반경 성동광진교육지원청에 재직 중이었던 한 공무원의 상상력과 열정으로 시작된 금호초 복합시설은 수영장을 포함하여 다양한 문화 복지시설을 금호초 재건축 때 포함하였다. 당시에는 지금보다 훨씬 학교 개방이 폐쇄적인 시절에 시장이나 정치인도 아닌 하급 공무원이 우리나라 학교복합시설을 최초로 구상하고 추진하였다는 사실이 놀랍다. 그분은 이후 교원대 교수로 옮겨가 학교복합시설의 전도사로 오랫동안 활약하다 최근에 퇴직하신 이재림 교수님이시다.

금호초 복합시설 이후 오산의 오산초와 원동초 등 2021년 학교복합시설법 이전까지 200여 개 이상의 학교복합시설이 전국에서 건립되었다. 지자체와 학교의 필요성이 절실했기 때문이고 예산 절감이나 효용도가 검증되었기 때문이다. 특히 화성시는 동탄 신도시 조성을 계기로 6개의 학교 이음터 시설을 건립하여 학생과 주민이 복합시설을 공유하고 있다. 화성시 채인석 시장과 나는 국토부와 LH를 설득하기 위해 국회에서 토론회를 개최하기까지 하였다. 나는 학교복합시설의 필요성을 2004년 초선 시절부터 줄기차게 주장했고 마침내 교육, 문화, 복지시설을 개방형 복합시설로 학교에 건립하여 주민들과 공유하는 학교복합시설 설치 및 운영·관리에 관한 법률(2021), 학교복합시설에 유치원, 폐교 및 대학을 포함하고, 복합시설지원센터 설립을 추가하도록(2025) 개정되었다. 이로써 경기도 내 다양한 체험 교육 및 주민 교육, 체육, 문화, 복지 등 복합시설 건립이 가능하게 되었다. 이의 실현을 위해 경기 골든 플랜을 제안한다.

경기 골든 플랜은 세계 최고 사회체육 모범 국가 독일이 1960년대 걸어서 5분 거리에 체육 시설, 지도자, 프로그램을 만나도록 10년간 추진했던 국가 정책을 모델로 한다. 주민과 학생이 공유하는 학교복합시설로 수영장 + 도서관 + 교육 + 문화 + 복지시설을 경기도 학교에 10년간 연차적 설치 운영하는 것이다. 인구 10만 명당 한 개의 학교복합시설을 건립한다면 150개의 수영장과 문화 체육 시설을 학교와 지역이 공유할 것이다. 학교복합시설이 건립되면 지식 중심 교육 패러다임에서 다양한 교수-학습 환경 개선으로 미래 교육을 실천할 수 있고, 학생 생존 교육 내실화를 통해 안전 환경 및 안전 의식을 고취하고, 저출생 사회에 영유아 돌봄 복지 증대로 아동 복지를 강화하고, 방과후 교육 환경 개선으로 사교육비를 줄일 수 있고, 청소년들에게 문화 예술 공간을 제공함으로써 K-문화 예술 발전에 이바지하고, 초고령사회 대비 주민 및 노인 복지와 건강 인프라를 구축할 수 있다.

소프트웨어 벽깨기

교육지원청과 지자체가 협업하여 지역의 인적, 물적 자원을 이용해 학교나 학교 밖의 교육을 돕는다. 이재명 성남시장 시절에 성남시는 2014년 172억 원 규모의 사업비를 초중고에 지원하여 교육의 질 향상에 기여하였다. 제주도교육청은 오영훈 제주도지사와 150억 예산으로 학생 무상 버스를 실현하였다. 파주에는 김경일 시장과 함께 만든 파프리카, 부천에는 조용익 시장과 협력한 워킹스쿨이 학생들의 편리하고 안전한 등하교를 위해 지자체와 협력한 사례로 경기도 전역으로 확산해야 할 모범적인 벽깨기 사업이다. 지역에는 문화 시설, 현장 체험, 진로 체험, 도서관, 공연 공간, 상담 시설 등 많은 물적 자원들이 산재해 있는데 이를 체계적인 프로그램을 갖고 이용하는 지자체나 교육지원청은 드물다. 또 물적 자원을 이용하는 데에 주민들이 교육을 받고 지역 강사로 참여하면 교사들의 업무 부담이 줄어들 뿐 아니라 교과 내용도 훨씬 풍부해지고, 지역 주민들의 일자리도 창출할 수 있는 일석이조의 효과가 있다.

오산시를 예를 들면 오산시와 교육지원청의 마을교육공동체 중간 조직 역할을 하는 오산교육재단에서는 ①오산시 초중고에 재학 중인 자녀를 둔 학부모와 오산 시민들이 각자 관심 있는 주제로 학습 동아리를 결성하여 해당 주제를 심도 있게 학습하면서 자기 계발과 역량 강화의 기회를 지자체가 제공한다. 시민들이 학습 동아리 활동을 통하여 함양한 역량을 초중고 보조 교사와 지역사회에 재능기부를 하는 선순환 시스템을 만든다. ②오산시 전역이 교육 현장이 되는 시민참여학교는 오산시의 생태, 문화, 역사, 환경 등의 다양한 인프라를 체험 학습의 장으로 특화하여 초등학생들의 학년별 정규 교과과정과 연계한 생생하고 알찬 배움을 제공하는 학교 밖 학교이다. 시민참여학교는 학부모들이 직접 공부하고 준비하여 운영한다. ③지역의 전문가가 청소년의 꿈 찾기를 지원하는 '꿈찾기 멘토스쿨'은 학생들과 학교 밖 청소년들이 스스로 진로를 탐색하고 설계

할 수 있도록 하는 프로그램으로 지역에 있는 행정 시설, 문화 시설, 대학, 기업, 개인사업장 등을 진로 체험장으로 이용하는데, 지역 강사로 구성된 진로 멘토단이 운영한다. ④1인 1외국어 교육은 지역에 거주하는 다문화 원어민을 활용한 외국어 교육으로 현지 문화를 반영한 실제적인 외국어 교육이 되도록 한다. 초중고에 학생 수요에 따른 제2외국어 수업을 지원하여 사교육 없이 원어민과 외국어 수업을 하는 환경을 마련한다. 지역의 다문화 원어민 인적 자원 활용을 통한 일자리 창출과 생활 적응을 지원하는 효과도 있다.

오산시와 교육청은 '물향기 엘 시스테마 오케스트라'를 운영하였는데 학교와 지역의 소프트웨어와 하드웨어를 결합한 벽깨기 사례이다. 저소득층을 각별히 배려한 오산의 '물향기 엘 시스테마 오케스트라'는 전국에서도 주목받았다. 악기 배우기를 원하는 학생들을 모집하여 오산문화예술회관의 연습장을 시에서 무상 제공하고, 교육청에서 강사를 지원한 '물향기 엘 시스테마 오케스트라'는 지역과 학교가 벽을 깨고 협력하면 무한한 상생 효과를 낼 수 있다는 사실을 입증하였다.

마을교육공동체 활성화

마을교육공동체는 학교와 지역이 벽을 깨고 효율적으로 상생하기 위해 필요한 지역의 자발적 조직이다. 마을교육공동체는 마을 + 교육 + 공동체의 합성어로 추상적이기도 하고 구체적이기도 한데, 마을교육공동체가 성공하려면 마을과 교육과 공동체가 유기적으로 결합되어야 한다. 유기적 결합을 위해서는 조직과 운영의 주체가 있어야 하고, 주체는 전문성을 가져야 한다. 이를 위해 지자체와 교육청은 마을교육공동체를 협력의 파트너로 생각하고 인적, 물적 자원 발굴과 지원에 협력하여야 한다.

마을교육공동체는 지역사회를 기반으로 하는 교육 자치의 기초 역할을 하지만, 이를 구축하기 위해서는 학교와 지역사회의 연대만으로는 어렵다. 마을교육공동체를 지원하기 위한 교육청, 지자체, 지역사회의 거버넌스를 통한 협치가 있으면 공교육 내실화를 통해 사교육비를 절감하는 효과도 가져올 수 있다. 보수 교육감 시대에 유명무실화된 마을교육공동체를 부활하여 생동감 넘치는 지역이 되도록 하여 지역 소멸 위기를 극복하면서 교육의 국가 책임을 분명히 하여 교육 소외 지역이 없도록 해야 할 것이다.

국가 수준 교육과정이 교육과정의 대부분을 차지하고 이것만 가르치면 교육목표를 달성했다고 생각하던 학교 교육에 만족한 결과 현재 학교는 시대의 변화에 둔감해지고 학부모로부터 소외당하고 사회로부터 고립되고 있다. 이 결과로 삶과 배움이 불일치하는 학교 교육을 벗어나고자 하는 목마름이 팽배해져 있다. 학교가 지식 위주 교육을 하면서 완전하다고 생각할수록 학교는 점점 섬이 되어간다. 이런 현실에서 마을교육공동체는 섬이 되어가는 학교와 지역을 연결하여 공교육을 보완하고 지역 교육을 만들어 지역을 살리는 소중한 역할을 할 수 있다.

마을교육공동체는 단순히 프로그램으로 진행되는 정책이 아니라 지역의 지속 가능한 발전을 교육의 한 축이 되어 담당한다. 그러므로 마을교육공동체는 느슨한 연대로 교육의 지역화에 기여할 수 있다. 국가 수준 교육과정에서 할 수 없는 지역 교육과정과 지역 교과서를 만들어 학교에서 학습 교재로 사용하면 지역사회를 올바로 이해하여 애착을 가지게 되고, 지역 대학과의 연대를 통해 지역 특화 학과를 개발하는 등 지역 인재들이 지역에 정착하여 지역을 위해 공헌할 수 있는 토대를 마련할 수 있다. 마을교육공동체는 학교 안팎의 교육의 경계를 허물고 경쟁보다는 협력, 배움과 삶이 일치하도록 하는 지역 공동체 교육 운동으로서 역할을 할 것이다.

교육청과 지자체 벽깨기로 청소년기본소득 도입

청소년기본소득이란 소득, 가정환경과 상관없이 현금 또는 지역화폐 형태로 청소년들에게 기본소득을 정기 지급하는 복지제도이다. 모든 청소년에게 기본적인 사회적 지원을 한다는 점에서 성인기본소득과 원리가 같다. 선진국의 경우 완전한 보편적 청소년기본수당을 제공하는 나라는 드물지만 아동수당이나 청소년수당 형태로 모든 아동과 청소년에게 지급하는 나라는 흔하다. 한국의 0~7세 아동수당도 청소년기본소득과 유사한 성격을 가지며, 고양시의 '청소년배당'이나 성남시의 '청소년기본소득' 정책 제안 등 각 지자체에서 파일럿 형태로 시행되거나 논의된 적이 있으며 전혀 생소한 것은 아니다. 경기도는 청소년 대상 기본소득을 논의한 적은 없지만 만 24세 청년에게 분기별 25만원 청년기본소득을 시행한 적이 있다.

교육청과 지자체가 협력하면 경기청소년기본소득 지급도 불가능하지 않다. 경기도교육청 23조 예산 중 1~2%를 청소년기본소득에 배정하려면 재정 혁신이 필요하다. 예산이 부족한 것이 아니라 철학과 의지가 부족하고, 경기도교육청 예산 집행에서 볼 수 있듯이 불요불급한 예산이나 보여주기식 예산 집행으로 낭비성 예산이 많다. 지급 규모도 점차 늘려가는 점진적 전략을 짜면 된다. 15년 전 무상 급식 도입을 두고 나라 재정이 바닥날 듯 호들갑을 떨었지만 지금은 누구도 이의를 달지 않는 보편적 교육 복지로 자리 잡았다. 청소년기본소득도 사회적 합의를 거쳐 결국 무상 급식처럼 안착될 것으로 기대한다.

청소년기본소득은 17세 이하 청소년 누구에게나 매월 일정한 소득을 보편성 원리에 따라 기본소득으로 지급한다. 초중고를 구분할지 일률적으로 동일한 액수로 할지, 초1과 초6을 동일한 규모로 할지는 재원과 설계에 따라 달라진다. 가구나 세대주가 아닌 개인에게 지급하는 개별성과 일시 지급이 아니라 매월 지급하는 정기성과 현금으로 지급하는 현금성이 기본 정책 기조이다.

청소년기본소득은 청소년들의 생활을 지원하는 효과가 있으며, 이를 통해 생계 곤란한 학생들은 학습과 휴식 시간을 확보할 수 있다. 또 자율적 성장과 경험 지원, 경제 학습 효과, 가계부담 경감, 지역 경제 활성화의 효과와 복지 사각지대 최소화가 기대된다. 장기적으로 기본소득 실험의 사회적 토대를 형성할 수 있다. 학생들은 매월 일정액을 지급받으며 사회의 구성원으로서 소속감과 책무감도 깨달아 공동체 의식 함양에도 기여할 것이다.

청소년기본소득을 도입하려면 재원 부담이 문제인데 지자체와 교육청이 벽깨기로 마중물을 만들 수 있다. 교육청, 도청, 시·군 지자체, 도의회, 지방의회 합의가 필요하지만 경기교육공동체의 합의와 교육청과 지자체의 합의가 우선이다. 도지사와 교육감이 청소년기본소득을 큰 틀에서 논의를 하고 합의만

하면 물꼬가 트일 것이다. 두 기관이 합의한 후 도의회를 설득한다. 이를 위해 경기청소년기본소득회의를 구성하고 사회적 합의로 추진한다.

주민(학생 포함) 참여 예산으로 진행하고, 재원은 교육청, 도청, 시·군청이 분담하여 4년 단위로 실행 계획을 결정한다. 중앙정부 아동수당(7세 이하), 지방정부 청년기본소득 등 관련 정책과의 시너지가 극대화하도록 추진 전략을 마련하고, 매년 결과를 분석하고 개선 방안을 마련하여 과학적으로 정책을 추진한다. 사정이 있는 지방정부는 2차년도 이후에도 참여가 가능하도록 재정 등 제도 마련이 필요하다. 향후 청소년기본소득에 대한 공론화가 필요하며 사회적 합의를 거쳐 청소년기본소득이 실현된다면 빛의 혁명이 실현되는 날이 될 것이다.

사람다운 삶을 살기 위한 시민 교육

요즘 청소년들은 AI와 그 이후의 불확실한 시대, 기후 위기로 인한 생존권의 위협과 물질지상주의로 인한 전도된 가치관, 분단과 국제 분쟁 등 복잡하게 얽힌 문제 속에서 살아가고 있다. 이러한 현실에서 미래를 준비하며 사람다운 삶을 영위하기 위해서는 민주적 시민성과 사회적 실천 역량이 반드시 필요하다.

시민 교육은 단순한 도덕 교육을 넘어, 학생이 권리와 의무를 이해하고 공동체 속에서 책임 있게 행동하도록 양육하는 교육이다. 하지만 현재까지 경기도교육청 시민 교육은 이념 논쟁이나 제도 개선 수준에 머물러 실질적 정착이 부족했다고 생각한다. 심지어 보수 교육감은 민주시민 교육을 이념적으로 재단하고 시민 교육 관련 부서를 폐지하여 청소년들이 민주시민 교육을 받을 기회마저 박탈하거나 축소했다.

그러나 청소년들은 불확실한 미래 속에서도 꿈을 가지고 인간답게 살아갈 수 있는 가치관과 역량을 함양할 기회를 가질 권리가 있다. 시민 교육은 더 이상 선택이 아니라 민주주의와 경기교육의 미래를 여는 핵심 과제이다.

시민 교육

시민 교육은 청소년들을 민주적 가치와 공동체 의식을 갖춘 책임 있는 시민으로 양성하는 것이므로 청소년들이 단순히 지식 습득의 교육을 넘어 ①민주주의 기본 가치를 내면화하여 자유, 평등, 인권 존중의 삶 ②참여 역량 강화를 위한 토론, 학생자치 활동의 활성화 ③사회적 책임성 함양을 위한 지역사회 문제 해결 프로젝트 기반 학습 ④글로벌 시민성 함양을 위한 지속가능한 사회 발전과 다문화 이해, 평화 감수성 강화를 위한 교육청과 학교의 지원이 필요하다.

학교 현장에서는 교과 연계, 비교과 프로그램, 참여와 체험 중심 프로그램을 운영하고, 이를 위해 교사 대상 시민 교육 연수와 지자체, 대학, 지역사회와 연계한 청소년 정책 제안, 전문가 멘토링, 청소년 사회 참여 아카데미 등을 운영하도록 교육청이 지원할 필요가 있다.

시민 교육을 통해 청소년들의 민주적 의사소통 능력과 공동체 책임 의식을 강화하고, 학교 울타리를 넘어 지역사회와 국가에 이바지하는 참여형 시민 양성, 디지털 시대에 적합한 비판적 사고와 책임 있는 시민성 함양을 기대한다.

역사 교육

청소년들에게 검증된 사료와 다각적 관점을 통해 정확하고 공정한 역사 교육을 하고, 비판적 사고와 역사적 상상력을 길러 현재와 미래에 적용이 가능하도록 해서 지역, 국가, 세계를 아우르는 통합적 역사의식을 함양한다. 최근 청년층의 극우화가 앞으로도 우려되는데 올바른 역사 교육을 통해 개선돼야 할 것이다.

초, 중, 고 교과와 비교과를 연계한 단계별 프로그램을 진행하고, 과거로부터 현재와 미래를 살아가는 지혜를 배운다. 특히 한국 현대사를 통해 독재와 투쟁하면서 쟁취한 민주주의의 소중한 가치를 깨닫고, 세계 현대사를 배우면서 글로벌 시민으로서 미래의 꿈을 펼칠 수 있는 호연지기를 가진다. 효율적이고 지속적인 역사 교육을 위해 교육청은 역사 교육 프로그램을 제공하고 체험 학습, 토론대회 등을 장려하며, 대학, 박물관 등과의 네트워크를 추진한다.

역사 교육을 통해 역사에 대한 흥미와 정체성을 형성하게 되고, 비판적 탐구력 및 현대 사회의 문제를 이해하는 능력을 강화하게 되고, 균형 잡힌 역사관, 민주시민성, 글로벌 인재를 양성하는 효과를 기대한다.

평화·통일 교육

분단의 역사와 민족 정체성을 이해하고, 상호 존중, 대화와 타협의 평화 감수성을 함양하며, 인권과 다양성 존중의 평화 가치를 학습하여 통일 한국의 구성원으로서 올바른 역할을 한다.

초, 중, 고 학년별 맞춤형 교육을 할 수 있도록 학교는 교과, 비교과 연계 프로그램을 운영하고, 교육청은 통일 체험 캠프, 남북한 언어, 문화 비교 전시, 평화 통일 온라인 플랫폼 등을 지원하고 특별히 남북한 공동 청소년 글짓기, 그림 그리기 등 문화 행사와 축구 등 체육 행사를 추진하여 평화로운 남북 화해와 공존에 이바지한다.

평화·통일 교육으로 평화적 갈등 해결 능력 및 통일의 진정한 의미를 함양하고, 통일 과정의 복합적 문제 분석 및 정책 대안을 생각해 보는 기회를 갖기도 하고, 한반도의 지속 가능한 평화와 미래 통일에 이바지하는 인재가 양성되기를 기대한다. 판문점을 두고 가까이 있는 북한의 개성중학교와 파주의 파주중학교 학생들이 왕래하며 함께 행사하고 수업하는 몽상이 현실이 될 수도 있다.

생태 교육

생태 감수성과 지속 가능한 삶을 실천하는 미래 세대 양성을 목표로 기후 위기 시대에 대응하여 청소년들이 자연과 공존, 탄소중립 실천, 지속 가능한 생활 습관을 익히도록 교육청이 지원한다.

실제 학교 현장에서는 다양한 실천 중심 활동이 이루어진다. 초등학교에서는 텃밭을 가꾸고 감자·무를 심어 수확한 뒤 지역사회와 나누는 활동을 통해 생명의 소중함과 나눔의 가치를 배운다. 학생들은 흙을 만지고 작물이 자라는 과정을 지켜보며 자연의 순환을 직접 체험하고, 수확물을 함께 나누는 과정에서 공동체적 책임감을 느낀다. 낙엽 책갈피 만들기나 멸종위기동물 프로젝트와 같은 활동은 단순한 만들기를 넘어, 사라져 가는 동식물의 삶을 이해하고 이를 보호하기 위한 작은 실천이 필요함을 깨닫게 한다.

경기도 김포 고창초는 학교 한편에 생태숲·텃밭을 '수업 공간'으로 확장해 그림책을 활용한 생태 감수성 수업, 숲속에서 진행하는 생태 음악 수업, 자연 문화 체험 등을 운영한다. 인근 학교와 공유하는 체험 학습장으로 개방해(예: 다른 학교 학생들의 감자 캐기·채소 수확 체험) 지역과 함께 생태 배움을 확산시키는 것도 효과적일 것이다. 경남 밀양 밀주초의 생태운동장을 경기도에서도 시도하면 수도권 생태 교육의 본보기가 될 것이다.

중학교에서는 업사이클링 교과 융합 수업을 통해 버려진 자원이 새로운 자원으로 활용될 수 있음을 배우고, 업사이클링 할 수 있는 제품을 만들어 학생들이 직접 판매와 구매 활동에 참여하기도 한다. 교실 안에서는 지구 살리기 캠페인, 자연 재료 활용 만들기, 환경 포스터 제작 활동을 통해 학생들은 문제를 스스로 제기하고 해결책을 찾는 창의적 경험을 할 수 있을 것이다. 외국처럼 한 달에 한 번씩 채식 급식 제공도 시도해 볼 만하다.

고등학교에서는 탄소중립 심화 학습과 지역 환경 단체 연계 활동을 통해 이론과 실제를 연결한다. 여주농고 30만 평 부지를 활용하여 세종탄소중립생태교육원으로 조성하여 수도권 학생들의 체험 교육장으로 만드는 구상을 중앙정부와 협력하여 실현하면 좋을 것이다. 또한 기후 위기 토론 및 정책 제안 수업에서는 학생들이 자료를 조사하고 근거를 들어 자신의 입장을 발표하면서, 실제 의사 결정 과정에 참여하는 경험을 하게 된다. 이로써 학생들이 민주적 토론과 합의 과정을 경험하고, 기후 위기 해결이 개인의 선택을 넘어 사회적 실천과 연결된다는 사실을 체감할 수 있을 것이다.

이처럼 생태 교육은 생활 속 실천과 사회적 책임성을 동시에 길러주는 중요한 과정이다. 생태 교육은 학생과 교사 모두에게 자연에 대한 공감과 보호 의식을 심어주며, 친환경 생태 전환 학교로의 변화와 지속 가능한 미래 사회 실현을 선도하는 시민 양성을 가능하게 한다.

금융 교육

금융 교육은 청소년들이 기본적인 금융 소양을 갖추고 합리적인 소비 습관을 형성하며, 저축과 투자의 차이를 이해하고 금융 위험 관리 능력을 습득하도록 돕는다. 이를 통해 학생들은 건전한 경제 시민으로 성장하며 가계 부채, 금융 사기, 소비 중독과 같은 문제를 예방할 수 있다.

학교 현장에서는 체험 중심의 금융 수업이 활발히 이루어진다. 초등학교에서는 저축과 투자 차이를 비교하는 활동을 통해 단순히 돈을 모으는 것과 미래를 준비하는 것의 차이를 깨닫는다. 금융 기관이 어떤 방식으로 돈을 운용하는지 탐구하고, 금융 보드게임을 활용해 놀이 속에서 합리적 선택과 위험 관리의 중요성을 알고 무리한 소비나 대출이 가져오는 결과를 몸소 경험하며, 올바른 선택의 필요성을 배우게 될 것이다.

중학교와 고등학교에서는 보다 실제 생활과 연결한다. 통장 개설 체험 수업과 금융 퀴즈 대회 등을 통해 일상생활 속 금융 문제를 해결하는 과정을 경험한다. 금융 동아리 활동에서는 주식·보험·저축과 같은 다양한 금융 주제를 조사하고 토론하며,

때로는 지역사회 금융 전문가를 초청해 금융에 대한 이해도를 높인다.

특히 고등학교에서는 더욱 심화된다. 투자 시뮬레이션 수업을 통해 학생들은 시장의 변동성과 위험 관리 방법을 직접 체험하며, 모의 창업 활동에서는 사업 아이디어를 구상하고 가상의 자본을 운용해 보면서 책임 있는 경제 활동을 경험한다. 특성화고인 파주 세경고처럼 여러 해에 걸쳐 꾸준히 운영된 학교 기반 금융 교육을 통해 학생들의 실생활 역량을 높이고 진로와도 연결하는 성과로 이어질 수 있다. 다년간의 체계적 운영은 외부 평가에서도 우수 사례로 인정받았고, 실제로 금융권 취업에 도움이 되었다는 피드백이 축적되었다는 점이 주목할 만하다.

금융 교육은 학생들이 합리적인 소비와 저축 습관을 기르고 금융 위험에 대처하는 능력을 키우도록 할 뿐 아니라, 교사의 금융 전문성도 함께 함양한다. 이를 통해 청소년들은 투자와 투기를 구별하며, 건전한 금융 생활을 실천하는 책임 있는 시민으로 성장할 수 있다.

교육감 26명, 40대 교장으로 교육 밭갈이

좋은 교장이 좋은 학교를 만들고, 좋은 교사가 좋은 교실을 만든다

경기도교육청 교직원 수는 일반행정직을 포함해 약 13만 명에 달하며, 공무직과 기타 종사자까지 포함하면 20만 명을 넘어선다. 이러한 규모의 교육 기관은 전국적으로도 드물다. 현재 31개 시·군에 25개 교육지원청이 설치·운영되고 있으며, 교육지원청이 없는 양주, 구리, 하남, 화성, 과천, 의왕 등 6개 지자체에는 추가 설치될 예정이다. 교육부는 교육지원청을 지자체별로 분리할 수 있는 법적 근거를 마련했으나, 예산 및 인력 충원 문제, 다른 시·도교육청과의 형평성 논란으로 실행이 지연되고 있다. 본청은 남부청사(광교)와 북부청사(의정부), 그리고 과거 본청이었던 조원청사를 포함해 연수원·도서관 등 수십 개 직속 기관을 운영한다. 관내 초·중·고 학교는 약 2,315개에

이른다.

불공정 인사와 조변석개식 조직 개편의 현주소

광교에 있는 경기도교육청을 가본 사람들은 한결같이 미로를 헤매고 왔다고 불평한다. 실제로 주차장부터 입구까지 미로를 헤매야 한다. 출입 절차도 까다롭다. 광교 교육청사의 미로만큼이나 경기의 교육 행정은 폐쇄적이고, 권위적이며, 행정 편의주의가 만연해 있다. 경기교육은 개방적이고, 탈권위적이며, 실용적으로 변해야 한다. 방대한 조직과 인력에도 불구하고, 현장 중심의 운영이 제대로 이루어지지 못하고 있다는 비판이 지배적이다. 원인은 다양하지만, 궁극적으로는 리더십 부재와 조직 운영의 비효율성에서 기인한다. 조직을 축소·통합하지 않고 유사 기능을 가진 부서나 기관을 반복적으로 신설·확대하면서 기형적 구조가 형성되었다. 이는 학교 현장이나 교육적 필요보다는 내부 이해관계와 간부들의 요구에 따라 움직여 온 결과라 보인다. 최근에는 불필요한 조직 개편이 6개월 단위로 반복되며 간판과 명칭만 바뀌는 사례가 늘어나 전문성과 일관성이 떨어진다는 비판이 제기되고 있고, 내부 구성원들조차 개편의 목적을 알기 어렵다는 지적이 많다.

교육전문직(장학사·장학관)을 북부청사에만 집중 배치한 것은 대표적 문제다. 현재 교육전문직 대부분은 의정부 북부청사에 근무하고 있으며, 남부청사에는 일반행정직이 다수를 차지한다. 초기에는 '스마트 워크' 제도를 도입해 다양한 근무 형태를 허용했으나, 남부청사 쏠림 현상이 지속되자 교육전문직은 북부청사에만 근무하도록 일방적으로 통보했다. 직원의 거주지나 편의성을 고려하지 않고 특정 직군을 한 지역에 집중 배치하는 사례는 전국적으로도 드물며, 이는 교육전문직 사기를 떨어뜨리는 결과를 낳았다. 현재는 본청 발령이 영전이 아닌 좌천으로 인식될 정도다. 이처럼 교육전문직이 배제되고 일반행정직 중심으로 운영이 강화되면서, 본연의 기능인 학교 현장 지원이 약화되었다. 남부와 북부 간 균형 있는 인력 배치가 필요하다는 목소리가 계속 나오고 있다.

조직 문화 역시 개선 과제다. 학교 현장에서는 민주주의와 갑질 근절을 강조하면서도, 교육청 내부에서는 여전히 수직적 업무 관행과 일부 간부의 권위적 태도가 지속된다. 간부들의 폭언·갑질 사례가 증가하고 있으나 제어 장치가 부재하고, 신고해도 무혐의로 끝나거나 신고자가 오히려 불이익을 받는 경우가 발생해 사기가 저하되고 있다. 교육감 집무실부터 개방형으로 개조하여 열린 교육감실을 표방하고 탈권위적 교육감, '내 곁에 교육감'이 되어야 한다.

경기도교육청은 증거 기반 평가를 확대한다며 부서·기관 간

성과 경쟁을 강요하고 있다. 그러나 이는 보고서를 위한 보고서 작성, 실적 수치 왜곡 등으로 이어져 행정력이 불필요하게 소모된다. 학교 현장에서는 교육청의 반복적인 실적 요구로 교육활동이 위축되고 있다는 불만이 제기된다. 교육은 단기적 수치로 평가하기 어려움에도 불구하고 행정적 실적에 매몰되어 보고서 양산, 수치 조작, 불필요한 부담이 발생한다. 이는 교육의 자율성과 창의성을 저해하고, 장기적으로 혁신을 가로막는 요인으로 작용할 수 있다.

현재 인사 시스템의 문제점

경기도교육청 인력은 대체로 엄격한 절차를 거쳐 선발된 인재들이다. 교육전문직은 장학사 시험 합격자가 다수를 차지하며, 일반행정직 또한 학교나 교육지원청에서 선발된 우수 인력으로 운영된다. 그러나 최근 본청 근무 기피 현상이 심화되고 있다. 직속 기관이나 교육지원청 근무만으로도 승진 기회가 충분해, 업무 강도가 높은 본청을 기피하는 현상이 발생하는 것이다. 인센티브가 없다면 우수 인재 유입은 더욱 어려워지고, 강제로 발령된 인력도 곧 전출을 희망하는 악순환이 이어진다.

기존에는 본청 근무 경험을 승진이나 전보 시 우대했으나, 일부 리더의 의도에 따라 이러한 관행이 사라졌다. 공정해 보이지만, 실제로는 특정 인사에게 불이익을 주거나 반대로 본청 근무 경험이 없는 인사에게 기회를 주는 방식으로 운영되면서 공정성과 체계성이 훼손되었다. 검증되지 않은 인사들이 유입되면서 행정 역량이 약화되고, 주요 정책을 담당하는 이들이 단기간에 전문성을 쌓지 못해 행정 전반의 질이 낮아지고 있다는 비판이 나온다.

장학사 선발 방식의 변화도 논란을 낳았다. 기존에는 기획·논술 등 필기시험이 주요 기준이었으나, 2025년 이후 필기시험이 폐지되면서 기준 없는 평가가 시행되었다. 이는 TF 활동 위촉장 개수나 교육장 추천에 의존하는 구조로 변질되었고, 사실상 '깜깜이 전형' '음서제'라는 비판을 받고 있다. 법적으로 인사권이 없는 교육지원청 교육장이 추천권을 행사하는 것은 제도적 정합성에도 어긋난다. 그 결과 현장 교사들 사이에서는 "학교 업무보다 교육청 업무를 해야 장학사가 된다.", "사교육이나 인맥이 필요하다."라는 불신이 확산되고 있다. 이는 교육전문직 제도의 본래 취지를 훼손하는 심각한 문제다.

장학관·교육장 선발 방식 또한 개선이 필요하다. 현행처럼 짧은 기간 근무지를 옮기는 구조에서는 업무 파악조차 어려워, 책임성과 연속성을 기대하기 어렵다. 최소 3년 이상 안정적으로 업무를 수행할 수 있는 체계가 필요하며, 교사·학생·학부모 등 다양한 주체 의견을 반영해야 한다. 또한 인맥이나 정치적 고려가 아닌 역량과 인성을 중심으로 선발이 이루어져야 한다.

일반행정직 구조도 문제다. 학교 현장 행정인력은 부족한 반면, 직속 기관이나 교육지원청에는 인력이 과도하게 배치되어 있다. 이는 현장 지원이라는 본래 목적과 맞지 않으며, 재배치를 통한 효율화가 필요하다.

교육감이 26명인 경기도교육청으로

경기교육은 조직·시스템·인사 제도의 전반적 재구조화가 필요하다. 최근 몇 년 사이 무너진 여러 제도를 바로잡는 동시에, 과거부터 이어져 온 관행적 문화와 비대해진 조직 체계도 효율적으로 운영할 수 있도록 개편이 필요하다.

교육의 주체는 교사, 학생, 학부모이고 교육감과 교육장은 교육공동체를 섬기는 마음으로 존중하고 교육 주체들과 소통해야 한다. 이를 위해 교육감과 교육장은 만나기 어려운 지체 높은 분이 아니라 필요하면 항상 만날 수 있는 가까운 사람이어야 한다. 시민이 시장이듯 교육감도 더 이상 권위의 상징이 아니다.

인사 시스템의 핵심은 현재 25개 교육지원청 교육장에게 교육감의 권한을 최대한 위임하여 교육감을 포함하여 실제로는 26명의 교육감이 경기교육을 책임지도록 한다. 교육장에게 교육지원청을 자율적으로 책임 있게 운영할 수 있는 권한을 주는 것이다. 교육장은 중간 평가를 거치면서 4년 임기를 보장하도록 하고, 특히 유능하고 열정적인 교장을 추천하여 4년 동안 학교를 책임 있게 운영하도록 한다. 수업과 학생 지도에 최선을 다하는 교사가 승진하는 인사 제도를 마련하여 학교 현장 중심 교육이 이루어지도록 한다. 교육지원청과 학교가 유기적인 관계를 유지하면서 교육지원청은 학교를 지원하는 업무에 중점을 두도록 한다. 또한 경기도교육청, 교육지원청, 학교 업무를 교육 환경 변화에 맞게 효율적으로 시행하기 위해 적정 인력 배치를 위한 여론 수렴과 재구조화가 필요하다.

26명의 교육감에게 주어진 가장 핵심적 역할은 좋은 교장을 임명하여 학교의 교육 밭갈이에 헌신하도록 하는 것이다. 현재 교장 발령 2년 경과 후 학교를 옮길 수 있도록 하는 인사 제도는 교육의 불안정을 가중시킨다. 교장 공모제도 취지가 퇴색되었다. 대안으로 '자치형 교장 공모제'를 도입하여 현행 교장 공모제를 보완하도록 해야 한다. 임지 발령 4년 후 재임까지 허용하여 학교 안정화를 도모하고, 교장에게 실질적 권한을 부여하고 학교장 중심의 학교 교육 자치화를 실현하도록 한다.

4년 임기, 40대 교장으로 교육 밭갈이

Better people make a better world. 좋은 사람들이 좋은 세상을 만든다. 지극히 당연한 말이다. Better principal make a better school. 더 좋은 교장이 더 좋은 학교를 만든다. 그리고 A better teacher makes a better class. 더 좋은 교사가 더 좋은 교실을 만든다. 역시 만고의 진리이다. 내가 지금까지 방문한 1,000개 이상의 학교 중 좋은 학교의 공통점을 한 가지 꼽으라면 좋은 시설보다 좋은 교장이라고 말할 것이다. UC 버클리에 체류하는 동안에도 여러 학교를 방문했을 때 좋은 교장이 좋은 학교를 만든다는 진리를 확인했다. 반면 교장이 무사안일하고 제 역할을 충실히 못하는 학교에서 학생들의 인성과 학업 교육 어느 것도 제대로 이루어지지 않는다. 세계에서 가장 우수한 우리 교사들의 역량과 열정을 이끌어내는 것은 교장의 리더십이다. 경기도의 세마고, 화성고, 홍덕고, 인창고, 장곡중, 의정부여중, 덕양중, 보평초, 남창초, 운산초, 선행초 등 좋은 학교에는 좋은 교장이 교사들과 함께 좋은 교육을 실천하고 있다. 이러한 학교는 학생과 교사, 학부모 들이 행복하다.

유능하고 열정 있는 훌륭한 교사가 교장이 되도록 하는 것이 인사 혁신의 핵심이다. 훌륭한 교장이 많은 학교를 만들어야 한다. 교장이 되는 것이 목표이고, 교장이 된 후에는 좋은 교육보다 보신주의와 은퇴 후 삶이 우선인 교장 시대를 마감해야 한다. 훌륭한 교장이 한 학교에서 4년의 임기를 채운다면 학교가 달라질 것이다. 내가 만난 어느 교장 선생님은 교장에게 교과

과정 편성 권한을 대폭 달라고 주장했는데 유능한 교장들은 교과과정까지 책임 편성할 수 있을 것이다. 교장이 4년을 채우지 않고 훌쩍 떠나는 학교에 대해 학부모들은 신뢰할 수 없다. 금세 떠나는 교장은 교사들에게 말이 먹히지도 않고 신뢰도 존경도 받지 못한다. 임기 4년을 채우지 않고 떠나는 교장이 절반이 넘는 현실에서 학교가 학부모들의 신뢰를 얻기란 불가능하다.

40대 교장 시대를 경기교육에서 시도해 볼 만하다. 고정관념을 깨면 불가능한 일이 아니다. 교실은 붕괴되었고, 교육은 무너졌다. 학생과 교사가 행복하고 죽은 교육을 살릴 수 있다면 뭐든 용기를 가지고 도전해야 한다. 교육 경력 15년 이상인 40대 교사는 교육 경험이 충분하고 40대의 열정으로 교육 현장의 새로운 배터리가 될 것이다. 선진국에서는 30대 교장이 워키토키를 손에 들고 하루 종일 학교를 뛰어다니는 모습을 흔히 볼 수 있다. 우리에겐 난초를 가꾸거나 화단을 꾸미는 교장의 모습이 익숙하다. 교장의 리더십과 열정으로 세계에서 가장 우수한 교사들의 사기를 높이고, 교사들의 열정과 능력을 살려준다면 죽은 교육이 되살아날 것이다. 문제는 교육계와 사회적 합의이다. 교육 개혁의 사회적 합의를 도출하여 실천할 한국의 '에르키 아호'가 필요한 시점이다.

공교육 희망 등대, 신나는 학교 10개 만들기

덴마크나 핀란드에나 가야 볼 수 있을 줄 알았던 학교를 경기도 안성에서 만나게 되었다. 경기도교육청에서 설립한 미래형 공립 대안학교, 이름하여 '신나는학교'다. 하태욱 교장의 리더십과 열정과 철학을 따르는 교사들의 헌신으로 '신나는학교'는 행복하고 즐거운 해리포터 학교가 되었다. 2022년 3월 학교 건물도 준비되지 않은 채 안성 몽실학교의 한 층을 빌리고, 교사 휴양 시설인 안성 수덕원을 임시 기숙사로 하여 개교했다. 놀라운 것은 학교 시설도 다 갖춰지지 않은, 더구나 대입 중심의 교육과정과는 다르게 운영하겠다고 선언한 학교의 경쟁률이 상당히 높았다고 한다. 그로부터 4년, '신나는학교'는 한국 교육에 새로운 가능성을 열어주었다. 경기교육이 만들어 낸 엄청난 자산인데 타 시·도는 물론 해외에서까지 상당한 가치를 인정받고 있음에도 전임 교육감으로부터 시작된 학교인 탓인지 정작 경기도교육청은 이 학교에 별다른 관심을 기울이지 않는 듯하여 안타깝다. 전근대적 교육 체제를 개혁해야 하는 경기교육대전환의 중요한 시기를 맞이하여 신나는 학교 10개 만들기를 통해 공교육 변화와 혁신을 위한 경기교육 희망의 닻을 올리기를 기대한다.

혁신학교와 대안학교를 넘어 미래학교로

안성 '신나는학교'는 2020년 경기도교육청의 미래학교 프로젝트로 시작되었다. '신나는학교'가 나오게 된 배경에는 입시로 변질된 교육을 제대로 돌려놓겠다는 경기도교육청의 노력이 반영되어 있었다. 경기도교육청은 2002년 전국 최초의 공립 대안교육 특성화학교를 설립하였고, 2005년 「초·중등교육법」 제60조의3 대안학교가 법제화된 후에는 공립 대안학교도 설립하였다. 그러나 대안교육운동이 근본적으로 학교의 변화를 주창한 것이었던 데에 비해, 공립으로 설립된 학교들은 학교 자체의 변화보다는 그곳에 적응하지 못하는 학생들을 위한다는 취지로 만들어졌다. 그러다 보니 낙인 효과 등 교육적인 효용성을 갖는 데 한계가 드러나기도 했다. 하지만 동시에 경기도는 비인가 대안학교와 대안교육 위탁교육 시설들이 가장 많이 있는 곳이기도 하다. 이들은 경기교육의 소중한 자산임에도 불구하고 정규 학교가 아니라는 이유로 방치되거나 교육적 관심의 대상으로 포함되지 않은 채 최소한의 관리나 복지 혜택만을 받고 있는 형편이다.

경기도교육청의 미래학교 프로젝트는 이러한 경험들을 비판적으로 계승하고 발전시켜 새로운 학교 체제를 만들어 보겠다는 의도로 출발하였다. 특히 혁신학교 운동을 펼치면서 교사들의 노력만으로 학교를 변화시키기에는 한계가 있다는 현실적 인식도 컸다. 학교 체제를 21세기에 맞도록 변화시켜야만 새로운 교육을 해낼 수 있겠다는 판단이었다. 그렇게 경기도교육청 미래학교 프로젝트인 안성 '신나는학교'는 시작되었다.

'신나는학교'의 역량 중심 직조형 교육과정

'신나는학교'는 이를 위해 '직조형 교육과정'이라는 체제를 만들어 냈다. 학교가 제시하는 씨줄 교육과정에 자기 스스로 만들어 가는 날줄 교육과정이 더해져 한 사람의 한 학기 교육과정이 형성된다. 씨줄 교육과정은 크게 학년 교육과정, 단계별 교육과정, 그리고 전체 교육과정의 세 가지로 구성된다. '신나는학교'는 중·고 6년을 단순히 3+3으로 덧보탠 것이 아니라 6년의 교육과정을 1(어울림 단계)+3(한울림 단계)+2(세울림 단계)로 새롭게 구성하였다. 역량 중심 교육과정은 '신나는학교'에 입학

한다고 저절로 실현되는 것은 아니다. 스스로 자기 배움의 주인으로 주위 사람들과 협력하는 것이 중요한 기반이 된다. 따라서 입학 첫해는 '신나는학교'의 방식으로 배움을 만들어 가기 위한 몸만들기에 집중해야 할 필요가 있다. 첫 1년은 학교가 짜 놓은 필수 과목들을 중심으로 공부하게 되는데 그것이 바로 어울림 단계다. 7학년에서 어울림 단계를 마친 학생들은 8~10학년 3년 동안 다양한 배움과 도전을 시도할 수 있는 한울림 단계로 넘어간다. 이 한울림 단계를 마무리하는 과제가 바로 논문 쓰기다. 1년간 한 가지 주제를 놓고 길고 깊게 탐구하는 과정은 자신의 진로를 만드는 세울림 과정의 중요한 기반이 될 수 있다. 11~12학년은 자신의 참길眞路을 찾아 나아갈 길進路을 세우는 세울림 과정이다. 이를 위해 10학년 때부터 배워 온 혁신가 정신 교육에서 출발하여 협동조합 교육, 사회 체험 학습(인턴십), 펀드레이징 스쿨, 졸업 프로젝트 제안서 발표까지 만들어 가게 된다. 졸업 프로젝트 발표는 지자체 및 전문가들의 도움을 받아 청년 투자까지 유치하는 중대한 작업이다. 이 지점에서 '신나는학교'는 자신들이 대학 대신 창업을 목표로 하는 학교로 오해되지 않기를 바란다고 강조한다. 남들이 살아가야 한다는 대로 살지 않고 자기 진짜 길을 찾으면, 더 깊은 배움(진학)이건, 스승을 찾아 직접 배우건(도제), 펀딩을 받아 프로젝트를 실행하건(프로젝트 매니저), 세상에 없던 새로운 일을 만들어 하건(창직), 혹은 새로운 비즈니스를 열건(창업), 그 프로젝트에 가장 맞는 방식은 저절로 열리게 될 것이라는 것이 학교가 진로에 대해 바라보는 시각이다. 대안학교나 혁신학교가 초등에서는 상당히 교육적 효과를 발휘했으면서도 중·고등학교로 갈수록 어려울 수밖에 없는 이유는 대학 입시라는 기형적 블랙홀에 모든 교육과정이 빨려 들어가고 있다고 보았다. '신나는학교'가 중등 과정 6년제로 설계되었던 근본적 이유도 여기에 있었다. 이 학교가 설정해 놓은 단계별 교육과정, 특히 참길에 초점을 맞춘 새로운 진로 교육 체계를 보면서 입시 교육 체제를 넘어 새로운 길을 만들어 낼 수 있을 것이라는 희망이 생겼다.

날줄 교육과정은 자기 스스로가 주체적으로 만들어 가는 과정이라고 볼 수 있다. 학생들은 자신이 원하는 수업을 스스로 만들거나 다른 학생이나 교사가 만든 수업을 선택하게 된다. 최근 교육계에서 논란이 되고 있는 고교학점제를 '신나는학교'는 학교 전체 교육과정에서 구현하고 있다. 하지만 근본적인 차이점이 있는데 이를 식당의 메뉴 선정에 빗대면 고교학점제가 주방에서 만들어 제공할 수 있는 메뉴의 종류를 몇 개까지 늘릴 수 있는가에 초점이 맞춰진다면, '신나는학교'의 샵#배움교과로 불리는 이 교육과정은 식당과 손님의 구분 없이 함께 요리를 만들어 가는 과정이라는 것이다. 즉 학습자가 교육과정을 만들어 가는 데에 직접 참여하는 방식이다. 처음에는 서툴기도 해서 깊이 있는 교과보다는 감각적으로 흥미로운 교과를 선택하기도 하고, 자신의 진정한 관심사나 재능을 깨닫지 못하고 친구들을 따라 선택하는 예도 있다. 하지만 그 시행착오의 과정들이 쌓이면서, 그리고 짝샘(멘토 교사)의 방향 설정 조언을 받아, 비로소 자신의 참길을 찾아나가 세울림 과정의 졸업 프로젝트까지 완성할 수 있는 역량이 만들어진다. 날줄 교육과정이 무학년제로 이루어진다는 측면에도 의미가 있다. 후배들은 선배들이나 특정 영역에 재능을 빨리 드러내는 동급생들이나 후배들을 보며 배우기도 하고 경쟁이 아닌 긍정적 교육적 자극을 받기도 한다. 선배들은 점점 학년이 올라갈수록 수업과 프로젝트, 소위원회와 TF, 동아리 등에서 리더십을 발휘하게 되면서 자신의 장점들을 벼려 나가는 장점도 있다.

'신나는학교'의 직접민주주의

'신나는학교'의 또 다른 특징은 직접민주주의다. '신나는학교'는 한 학년에 15명씩 6개 학년 총 90명 정원으로 만들어졌다. 2026학년도 신입생 경쟁률이 4:1에 가깝다고 하니 정원을 늘리면 어떨까도 싶지만, 다른 측면에서 보자면 학생 인구가 줄어들고 있는 지금 작은 학교들에게 중요한 시사점을 주는 규모이기도 하다. 학생 90명에 교직원 28명(사감 2명 포함)은 관계 중심의 교육 체제를 만드는 데 가장 적절한 규모이기 때문이다. 서로를 잘 이해하고 관계를 맺으며 함께 공존하는 법을 배워나갈 수 있다.

영국 교육 개혁 운동 단체인 Human Scale Education은 오래전부터 대규모 학교 쪼개기 운동을 펼쳐왔다. 익명성과 결과 중심의 대규모 학교들을 단번에 작은 학교로 만들기 어렵다면 물리적으로는 하나의 학교에 있지만 작은 몇 개의 학교가 따로 또 같이 운영될 수 있는 체제를 만들어 보자는 것이다. 이는 단순히 관계적 측면에서만 의미를 갖지 않는다. 사회학자들은 직접민주주의가 구현될 수 있는 최대 규모를 120명으로 보고 있다. 그 이상이 되면 대표자를 뽑아서 대의제 민주주의를 구축하는 것이 훨씬 효율적이기 때문이다.

'신나는학교'는 학생들이 소위원회들을 중심으로 학교를 직접 운영하면서 일주일에 한 번 있는 공동체 회의를 통해 필요한 결정들을 함께 숙의하고 결정해 나간다. 학생회장도 학생회 간부도 따로 없어 특정 권위에 기대지 않고 함께 참여하는 직접민주주의가 구현되는 현장을 지켜보니 전율이 흘렀다. 민주시민을 길러내기 위해 별도의 교육을 하는 것이 아니라, 학교에서부터 민주적으로 살아갈 수 있을 때 지금 이 자리에서부터 민주시민이 된다는 것을 확인할 수 있었기 때문이다.

공교육 희망 등대, 신나는 학교 10개 만들기

안성 '신나는학교'는 단순히 대안학교의 성격을 띠는 학교가 아니라 학생 스스로 자기 삶의 주인이 되는 교육과정과 학생들이 학교 운영에 직접 참여하는 민주주의를 실현하고 있다는 점에서 미래형 학교의 모델이 될 만하다. 경기도교육청이 안성 '신나는학교'를 모델로 해서 지역의 특성을 살리고 교육과정을 다양화한 신나는 학교 10개를 만들어 경기도 전역으로 확산한다면 경기교육을 통해 대한민국 교육이 바뀔 것이고 빛의 혁명을 실현한 K-민주주의만큼 선진화된 K-교육을 기대할 수 있을 것이다. 구상 단계에 있는 신나는 학교 확산 전략은 향후 경기교육공동체들의 활발한 토론을 통해 수립될 것으로 기대한다.

신나는 학교 확산 전략 1단계: 신나는 학교 10개 만들기

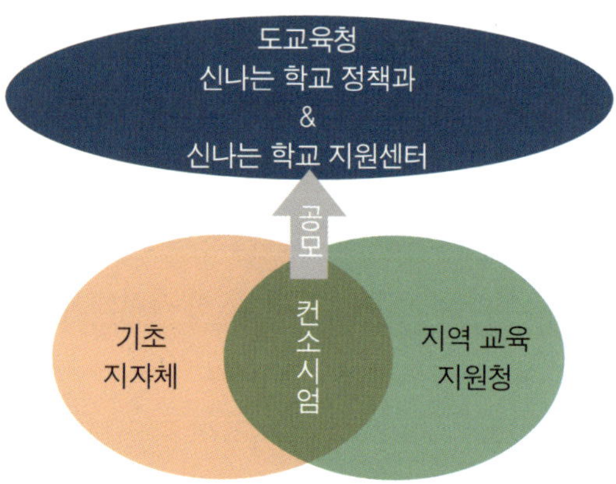

안성
'신나는학교'
(미래학교)
북부
신나는 학교
(미래학교)
문학 중점
신나는 학교
느린학습자
신나는 학교
학교 밖 청소년
신나는 학교
연극 연기 중점
신나는 학교
체육 중점
신나는 학교
K-pop 중점
신나는 학교
예술 중점
신나는 학교
AI 전문계
신나는 학교
신나는 학교
지원센터

신나는 학교 확산 전략 2단계: 신나는 학교 100개 만들기

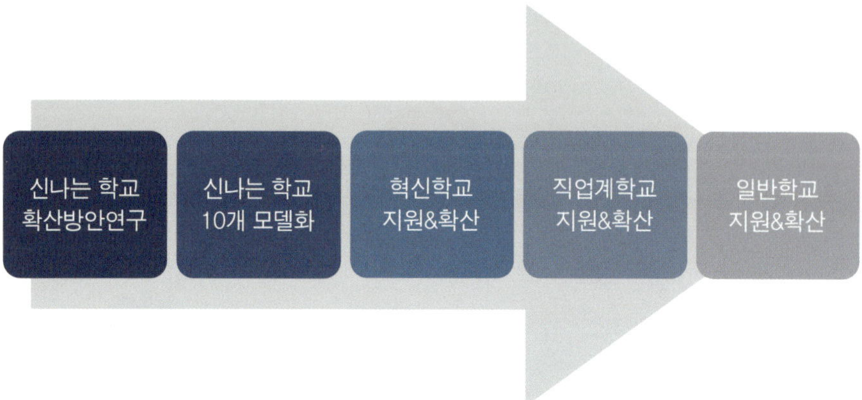

① 교직원 전문성 확보 방안

- 개방형 교장 공모제 실시 및 교감 & 행정실장 공모제 도입 시도
- 신나는 학교 지원센터 중심 연구회 구성 및 연수 방안 마련
- 교사 연구년제, 교생 실습, 저연차 교사 교류 등을 통해 다양한 인력 풀 확보
- 교사 초빙 선발: 사립학교까지 확대(전문성 갖춘 교사 인력 풀 확장)
- 연구학교 지정 등 확실한 외적 동기 및 사기 진작책 등 내적 동기 부여 정책 배려
- 폐교 활용, 면 단위 학교인 경우 관사 제공 혹은 공동 관사 우선 배치

② 교육과정 지원 방안

- 교장의 책임 경영–자율성 확보 방안 마련
  - 개방형 공모제 교장 (4년 평가 + 2–4년 연임)
  - 학교별 교육과정 다양성 보장
- 융복합교과 중심 편제 체제 확보 및 제도적 지원
  - 다양한 교육 자원들과 MOU를 맺어 미래 교육 콘텐츠 확보 및 보급
  - 체험 학습, 탐구 학습, 프로젝트 학습 등 역량 중심 교육과정 안정성 및 지속성을 위한 법적·제도적 지원
- 과감하고 실용적인 교육과정 도전이 가능하도록 교사의 안전 부담 경감 제도화
  - 체험 학습 사고 시 고의나 중대 과실이 아닌 경우 교사 면책권 부여
  - 해외 이동 학습 절차 간소화 및 제도적 지원
  - 사회 체험 학습(인턴십) 교육과정을 위한 경기도교육청 조례 제정 등 실행 근거 마련

학생의
열심
교사는
진심
신나는 학교
신나는 교육
학부모
관심
교육청
성심

후기

한 아이도 포기하지 않는 교육

교육 복지 논쟁이 한창일 때, 두 번째 북유럽 교육 탐방(2011. 1. 22~31.)을 다녀왔다. 교육과학기술위원회 국회의원들과 2010년 여름에도 다녀왔지만, 이번에는 혁신교육에 관심이 많은 오산 지역 교장, 교사들 25명과 동행했다. 김상곤 교육감님께서 감사하게도 예산의 절반을 지원해 주셨다. 교육 탐방 9박 10일 동안 우리 교육이 북유럽 교육으로부터 배울 교훈에 대해 끝장 토론도 했다.

핀란드 교육은 '감동'과 '충격' 그 자체였다. 학교와 교사들은 더 질 높은 교육을 위해 존재하고, 학생들은 개개인이 인격체로 존중받았다. 교사는 사회적으로 존경받고, 교사가 되기 위해서 필수적으로 갖춰야 하는 석사학위를 밟고 있는 젊은 인재들이 사회에 넘쳐 났다. 학교 중앙에 도서관이 항상 위치해 있었고, 식당은 식사 공간으로만 활용되는 것이 아니라 숙제도 하고 토론도 하면서 친구들도 만나는 '교제의 장'으로 자리하고 있었다.

나는 자문해 보았다. 이런 것이 한국 학교에서도 가능할까? 아이를 낳은 여고생이 한 살짜리 아기를 데리고 학교에 왔다. 교실에서 잠을 자던 아기가 깨면 교사들과 친구들이 엄마 대신 아기를 돌봐 주는 이런 교실 풍경을 한국 학교에선 상상조차 하기 어렵다. 만약 이런 여학생이 있다면 가정과 학교와 사회로부터 소외당하고 인생 낙오자로 평생을 살게 될 것이다. 그런데 핀란드 고등학교 교실에서 우리가 상상할 수 없는 이런 일을 목격했다. 단 한 명의 낙오자도 만들지 않겠다는 핀란드 교육 철학이 사람을 위한 학교를 만든 것이었다.

핀란드 교육 중 가장 부러웠던 점을 꼽으라면, 단 한 명의 낙오자도 만들지 않겠다는 교육목표였다. 경쟁을 부추기지 않고, 협력을 통해 더불어 사는 공동체 의식을 가르치며 세계 공부 1등 나라가 된 핀란드 교육의 비결을 한국 교육이 성찰해야 한다.

핀란드처럼 당장 대학까지 무상 교육을 시행할 수는 없다. 하지만 양극화로 치달으며 잘사는 계층을 위주로 작동하는 미국형보다는 빈부 차이가 별로 없고 모든 국민이 행복하게 잘 사는 핀란드형 복지국가야말로 대한민국이 꿈꾸어야 할 모습이 아닐까? 1948년부터 시작된 핀란드 무상 급식은 '평등이 최고의 효율'이라 믿는 인식에 기초하고 있다. 핀란드 학생들이 미국 학생들보다 비만도가 낮은 이유는 친환경 무상 급식 식단을 제공하면서 육류와 지방기 있는 음식을 통제하는 것과 관련이 있다. 학생들과 여러 번 무상 급식을 먹었는데, 한 달에 한 번씩 많은 학교가 동참하는 '채식의 날' 점심도 학생 건강에 대한 교육적 관심을 반영한다. 그러나 우리나라에서는 교육, 주거, 일자리가 여전히 정글의 법칙을 따르기 때문에 고통과 불안이 가중되고 있다.

그러면 OECD 국가 중 공부를 가장 적게 하고도, 세계에서 공부 1등을 하는 핀란드의 비결은 과연 무엇일까?

첫째, 모든 학생을 평등하게 대하는 '평등이 최고의 효율이다.'라는 교육철학이다. 핀란드의 경우 1985년에 이미 우열반을 폐지했다. 핀란드 교육 관점에서 보면 한국의 외고와 자사고는 경쟁을 부추기고 학교 간 서열화를 조장하는 촉매 역할을 한다. 또 학교와 학급 간 경쟁으로 치닫게 하는 줄 세우기 시험 역시 핀란드 교육자들의 눈에는 사람을 사람답게 만드는 교육이 아니라 인간성을 말살하고 교육을 망치는 행위로 보일 것이다.

둘째, 핀란드는 학교와 교과 운영 자율권을 교사들에게 부여했다. 핀란드는 학교마다 특색이 있는데, 두 학년을 묶어서 통합 교실을 운영하기도 하고 어떤 고등학교의 경우 아예 무학년제를 시행하기도 한다. 한국 교육도 학교에 재량권을 부여하고, 교장 승진 시스템 개선을 통해 유능하고 창의적인 관리자에게 학교 운영을 맡겨 보는 결단을 내릴 때가 되었다. 교사들을 신뢰하지 않고서는 자율권 보장은 불가능하다.

셋째, 교실 혁명을 실현했다. 핀란드 교육 현장에서 가장 부러운 것이 두 명의 교사가 한 반에서 협력 수업을 하는 것인데, 당연히 수업의 질이 높아질 수밖에 없다. 그리고 초·중학교에 해당하는 종합학교 교실에서 아이들은 4~5명이 한 조를 이루어 서로 도와주고 협력하면서 친구는 경쟁자가 아닌 공동체의 일원이라는 점을 배운다. 수년 전 시흥 장곡중학교도 전교생 전 과목 모둠 협력 수업으로 주목받았는데, 1년 만에 아이들의 표정이 밝아지고 성적도 향상되는 결과가 나타났다. 이는 우리도 교육 혁신을 통해 공교육을 정상화할 수 있다는 희망의 징조로 보인다.

핀란드는 어떻게 교육 개혁에 성공했을까? 핀란드 교육 개혁이 하루아침에 이루어진 것은 아니다. 1960년대부터 교육 개혁의 필요성이 대두됐고, 이에 정치권과 시민사회가 공감하면서 사회적 합의를 이끌어냈다. 핀란드 탐방 중 만난, 20년간 핀란드 교육 개혁을 주도한 에르키 아호는 "교육 개혁의 출발점은 사회적 합의"라고 말했다. 정권 교체에도 불구하고 에르키 아호 국가교육청장이 개혁을 지속해서 주도할 수 있었던 것은

'정권은 유한하고, 교육은 영원하다.'라는 인식적 합의가 있었기 때문이었다. 교육은 혁명으로 이루어질 수 없고, 점진적 개혁으로만 가능하므로 10년, 20년 후를 내다보는 혜안과 청사진 그리고 이를 실현하는 사회적 합의가 전제되어야 한다.

핀란드처럼 대학 졸업자와 고교 졸업자 간 임금 격차가 적고, 의사와 육체노동자 간 삶의 질이 크게 다르지 않으며, 고등교육만큼 전문교육을 존중하는 핀란드 사회와 우리의 학벌주의 사회는 엄연히 다르다. 우리나라에서는 학교가 붕괴되고, 사교육비 때문에 서민의 경제적 고통이 가중되며, 일류대를 나와도 취업 걱정을 해야 한다. 이러한 한국 교육의 현실을 방치하게 될 경우, 우리나라는 희망을 잃게 될지도 모른다.

그렇다고 대안이 전혀 없는 것은 아니다. 암기 위주 대신 발표와 토론 중심 교육이 AI 시대 교육이다. 질문이 살아 있는 토론 위주의 수업과 자신의 주장을 논리적으로 펼 수 있는 평가제도를 시행하고, 교사들이 잡무에 부담 갖지 않도록 행정 전담요원을 배치해 수업의 질을 높여야 한다. 이렇게 하면 아이들이 행복한 학교를 만드는 일이 전혀 불가능한 것은 아니다. 다행스럽게도 내가 발의한 국가교육위원회를 법제화하는 제정법이 국회 본회의를 통과하여 국가교육위원회가 2022년 9월 27일에 출범하였다. 이재명 정부에서 국가교육위원회 정상화와 교육부 개혁으로 한국 교육의 대전환을 기대해 본다. 빛의 혁명을 실현할 경기교육대전환의 시간이 왔다. 경기교육이 변하면 대한민국 교육도 달라질 것이다.

등교가 설레는, 신나는 학교를 갈망한다.
교육이 좋아 살고 싶은 경기도를 소망한다.
경기교육대전환, 크게 제대로!